東大生、教育格差を学ぶ

松岡亮二　髙橋史子　中村高康 編著

光文社新書

はじめに

教育格差とは

本書の主題である教育格差とは、子ども本人が選んだわけではない初期条件である「生まれ」によって、学力や最終学歴といった教育の結果に差がある傾向を意味します。本書で着目する主な「生まれ」は、子どもの出身家庭の社会経済的地位（Socioeconomic status、略称はＳＥＳ）、出身地域、性別、それに国籍です。日本の教育制度で大卒になる傾向がある初期条件は、社会経済的に恵まれた家庭（たとえば、保護者が大卒・高収入・専門職）・大都市部出身・男性・日本国籍です。一方で、「生まれ」が恵まれていない子どもは育つ過程で様々な困難に直面しやすいことが、多くの教育社会学の研究で示されてきました。

「教育格差」を扱わない教職課程と教員研修

私たち教育社会学の研究者グループは、２０２１年10月、大学生向け教科書の老舗出版社であるミネルヴァ書房より『現場で使える教育社会学：教職のための「教育格差」入門』（以下、教科書）を刊行しました。大学の教職課程での教科書利用を前提として構想しましたが、学生だけではなく、現職の教員や管理職、それに教育に興味を持つすべての人が教育社会学の研究知見に意義を実感できるように試行錯誤を重ねました。

実際のところ、一般的な大学教科書のつくり方とはかなり違う過程を経ました（詳細は教科書「はじめに」参照）。例えば、大学生や現職教員などの想定読者層を対象に、5時間の公開編集会議をオンラインで8回行い、のべ５００人以上の参加者から原稿に対する意見や感想を集めました。この対話の取り組みは朝日新聞の記事にもなりました。

『現場で使える教育社会学』は実際に大学の授業でも教科書や副読本として利用され版を重ねるようになりましたが、教育関係者すべてに届けるという目標はまだ遠く、視界にすら入っていません。何しろ、現在の制度では、「教育格差」を含む教育社会学を教職課程で扱う必要はないのです。「教育に関する社会的、制度的又は経営的事項」という選択必修科目の一つにすぎないですし、教育社会学を教職課程科目として開講していない大学も多いのです（詳しくは、松岡亮二『教育格差（ちくま新書）』第7章）。たとえ教育社会学の科目があったとしても、担当者によって授業で扱う内容は様々です。全国の大学のシラバスを見る限り、格差について十分な回数をかけて扱っている科目はかなり少ないのが実態です。文部科学省の「教職課程コアカリキュラム」でも明示的に言及されていないので、教育格差について一切触れなくてもよいことになっています。

もっとも、シラバスに記載がなくても学期のどこかで貧困などへの言及はあるかもしれません。それは「教育に関する社会的、制度的又は経営的事項」以外の科目でも同様です。その程度の扱いであっても、教職課程の履修者や修了者のなかには、教育格差について「学んだ」という印象を持っている人もいるかもしれません。しかし、断片的な情報では足りないだけではなく、誤解を招く危険性すらあります。例えば、低所得世帯の子どもは学力が低いし問題行動を起こす傾向がある、とだけ頭に入れていたとしたら、むしろ偏見を助長するだけかもしれません。授業中に集中しない児童生徒に対して、「貧困家庭だと学習意欲と学力が低いって大学でも聞いた」と負のラベルを貼るのであれば、それは教師が階層の再生産に手を染めていることになり得ます。「大学の授業で格差について（少し）触れていた」ぐらいでは不十分なのです。

現職の教員研修に関して参照できるようなデータはないのですが、体系的な研修として教育格差を扱っている自治体はなさそうです。散発的な講演などがあったとしても、本書にあるような内容を腑に落ちるまで理解することは難しいはずです。

文部科学省、大学の教職課程、それに自治体が知る必要性を等閑視したところで、「子どもの貧困」を含む教育格差は学校教育における日々の現実です。公立校であれば広域人事なので社会経済的な困難を抱えた児童生徒の割合が高い学校で働く機会がキャリアの中で全くない可能性は低いはずです。

一方で、文部科学省の委託研究として２０２２年に行われた『教師の資質能力の育成等に関する全国調査』を分析すると、現職教員の出身家庭の社会経済的地位（ＳＥＳ）は20〜50代のすべての年齢層で比較的恵まれていました。これはあくまで平均像なので社会経済的に不利な家庭環境から教師になった人もいるわけですが、総じて、現行の学校教育と親和的な人たちが教職を選び採用されてきたといえます。

比較的恵まれた家庭出身で教育格差についての基礎的な知識がないままだと、家庭や地域の環境による低学力や問題行動などの背景を理解し、「子どもの頃の自分」とは程遠い児童生徒と保護者に寄り添うことは難しいはずです。なぜ学校の授業に集中しないのか、勉強が不得意なのか、大学進学するつもりがないのか。なぜ保護者が子どもの教育に熱心でないように見えるのか。それらの背景を理解したほうが児童生徒や保護者と建設的な対話ができるはずです。

もちろん、教育格差を体系的に学ぶ「だけ」ですべてを解決できるわけではありません。しかし、現場で起きている事象を俯瞰で把握する助けにはなり得ます。また、教育格差を体系的に知ることで、すべての人に機会を与える公教育の意義や公務員の使命をデータに基づいて理解できるはずです。

私たちは、学校の教室という現場から国や地方の教育政策に至るまで、教育社会学研究に基づいた実践や政策議論が行われてほしいと願います。一方で、誰もが限られた時間の中に生きていますし、学校や日本社会が直面する課題は教育格差だけではありません。読者数が限られる学術論文を書いているだけでは、いつまで経っても、教育格差が社会の根幹にある重要な課題であり、教師を含む教育関係者にとって必須の知識であるという認識は広まりそうもありません。

そこでより多くの人に知ってもらうための企画の一つとして『現場で使える教育社会学』を教科書として用いた講義を書籍化することにしました。間口を広げるために、講義の場は、教育に関心のある人しかいない教職課程ではなく、一般教養科目。それも日本社会の未来を教育に限らず様々な分野で牽引することを期待されている東京大学の学生を対象としました。

本書の作成過程

東京大学での授業は、本書の編著者の一人である高橋史子特任講師（東京大学）を代表教員として、２０２１年の10月から翌年１月（Aセメスター）の火曜日の６限（19時～20時30分）に行いました。『現場で使える教育社会学』の全執筆陣が各授業回を担当する全13回のオムニバス科目で、コロナ禍中なのでＺｏｏｍ（ズーム）を用いた双方向オンライン形式にしました。

まず、履修登録期間の前に、駒場キャンパスの1・2年生に対して高橋特任講師がガイダンスを行いました。事前に示した条件は次の5点です。

・各授業回前に教科書『現場で使える教育社会学』の該当章を精読すること
・読書課題の内容理解を確認するためのオンライン小テストを授業の前に受け満点を取ること
・授業中は積極的に議論に参加すること
・毎回の授業の後にレポート提出が求められること
・授業の議論とレポートを素材として新書を作成する前提であること（ただし、新書の作成への協力は任意で成績とは無関係）

授業の構成と編集方法

編著者である私（松岡）と代表教員である髙橋特任講師、それに、本書の編集者の高橋恒星氏は全回に参加し記録などを取りました。その他の教科書執筆者も可能な限り、自分の担当回以外にも出席し、小グループの議論や授業後の質疑応答に参加しました。

初回授業の試行錯誤を踏まえたうえで、下記の構成で毎回の授業を行いました。

①授業前に読書課題（教科書の該当章の熟読）と小テスト
②授業開始時に担当教員の挨拶と概要の解説。議論のテーマの提示
③学生は４人程度のグループに分かれる。Ｚｏｏｍのブレイクアウトルーム機能を利用。各自がＳｌａｃｋ（スラック）のグループ・スレッドに議論のテーマに対する回答を書き込む。同じグループの他の学生の書き込みを黙読したうえで、口頭でグループ議論
④他グループのＳｌａｃｋへの書き込みを速読
⑤ブレイクアウトルームを終了し全員集合。教員が司会となり全体議論
⑥議論の最後に教員が総括。授業後に追加の質疑応答時間を設定
⑦授業内の議題について振り返りの授業レポートを数日以内にオンライン提出

グループは４人程度ですが限られた時間の口頭議論で共有できる分量はだいぶ限られるので、東大生の筆記と黙読の速さを活かし、所属グループと全体の議論を可能な限り厚くすることを意図しました。

本書の編集にあたって

教員による冒頭の解説と全体議論の文字起こし、それに、授業中の各グループのＳｌａｃｋ

への書き込みと授業後のレポート。これらすべてについて13回分（と座談会）という膨大な文章量を一冊の新書としてまとめるにあたり、かなり大胆な編集を行いました。特に授業中の口頭の解説と議論は会話文ですので、かなり分量が増えてしまいます。そこで、ライブ感を残しながらも筋肉質にするために、テレビ番組のように行間を削除する編集作業をかなり細かく行いました。

例えば、毎回異なる教員が講師となるため、挨拶や自己紹介などを行っていますが大半は削除しました。また、発言しながら声を出して笑ったり、Ｚｏｏｍの映像上では多くの人の笑みがこぼれていたりしますが、本書を通して「（笑）」や「（一同笑い）」などの表記は省きました。また、教員は学生の発言に対して謝意を述べたり鋭い観点に感心したり同意したりと様々な反応をしていますが、それらはほとんどすべて割愛しています。

「生まれ」によって人生の可能性が制限されているという仄暗《ほのぐら》いテーマなわけですが、知的な議論そのものを楽しむ通奏低音が全授業回にあったはずです。そのような空気感を想像しながら読み進めてください。

なお、本書だけでも理解できるように編集してありますが、どの章も教科書の内容の一部にすぎません。本書を楽しんだ後は、教科書をご一読くださいますようお願い申し上げます。

編著者を代表して
松岡亮二

東大生、教育格差を学ぶ　目次

《著者一覧》（授業回順）　＊は編著者

＊中村高康（なかむら・たかやす）【第1講】

1996年　東京大学大学院教育学研究科博士課程単位取得退学、博士（教育学）
現　在　東京大学大学院教育学研究科教授
主　著　『暴走する能力主義――教育と現代社会の病理』ちくま新書、2018年。
『大衆化とメリトクラシー――教育選抜をめぐる試験と推薦のパラドクス』東京大学出版会、2011年。

＊松岡亮二（まつおか・りょうじ）【第2講】

2012年　ハワイ州立大学マノア校教育学部博士課程教育政策学専攻修了、博士（教育学）
現　在　龍谷大学社会学部准教授
主　著　『教育格差――階層・地域・学歴（ちくま新書）』筑摩書房、2019年。
『教育論の新常識――格差・学力・政策・未来（中公新書ラクレ）』編著、中央公論新社、2021年。

山下　絢（やました・じゅん）【第3講】

2012年　東京大学大学院教育学研究科博士課程単位取得退学、修士（教育学）

現　在　日本女子大学人間社会学部准教授
主　著　『学校選択制の政策評価――教育における選択と競争の魅惑』勁草書房、2021年。
『ソーシャル・キャピタルと教育：「つながり」づくりにおける学校の役割』（共著）ミネルヴァ書房、2016年。

金子真理子（かねこ・まりこ）【第4講】
2000年　東京大学大学院教育学研究科博士課程単位取得退学、修士（教育学）
現　在　東京学芸大学教授
主　著　『教員評価の社会学』（共編著）岩波書店、2010年。
「教職という仕事の社会的特質――『教職のメリトクラシー化』をめぐる教師の攻防に注目して」『教育社会学研究』86、2010年。

山田哲也（やまだ・てつや）【第5講】
2003年　一橋大学大学院社会学研究科博士後期課程単位取得退学、修士（社会学）
現　在　一橋大学大学院社会学研究科教授
主　著　「PISA型学力は日本の学校教育にいかなるインパクトを与えたか」『教育社会学研究』98、2016年。

『学力格差是正策の国際比較』（共編著）岩波書店、２０１５年。

藤本啓寛（ふじもと・たかひろ）**【第5講】**

２０１９年　早稲田大学大学院教育学研究科教育基礎学専攻修了、博士（学術）

現　在　早稲田大学教育・総合科学学術院助教

主　著　『明日へ翔ぶ――人文社会学の新視点-５』（共著）風間書房、２０２０年。

「スクールソーシャルワーカー活用事業の政策展開――予算編成における「政策の再文脈化」の帰結――」『学校ソーシャルワーク研究』17、２０２２年。

知念　渉（ちねん・あゆむ）**【第6講】**

２０１６年　大阪大学大学院人間科学研究科博士後期課程修了

現　在　神田外語大学グローバル・リベラルアーツ学部准教授

主　著　『〈ヤンチャな子ら〉のエスノグラフィー――ヤンキーの生活世界を描き出す』青弓社、２０１８年。

『教育格差の診断書――データからわかる実態と処方箋』（共著）岩波書店、２０２２年。

岡邊　健（おかべ・たけし）**【第7講】**

２００２年　東京大学大学院教育学研究科博士後期課程中途退学、博士（社会学）
現　在　京都大学大学院教育学研究科教授
主　著　『現代日本の少年非行――その発生態様と関連要因に関する実証的研究』現代人文社、２０１３年。
『犯罪・非行の社会学――常識をとらえなおす視座〔補訂版〕』（編著）有斐閣、２０２０年。

日下田岳史（ひげた・たけし）【第8講】
２０１４年　東京大学大学院教育学研究科博士課程単位取得退学、博士（教育学）
現　在　大正大学エンロールメント・マネジメント研究所専任講師
主　著　「なぜ女子は理系意識を持ちづらいのか――小学5～6年生に焦点を当てて――」『教育学研究』89（4）、２０２２年。
『女性の大学進学拡大と機会格差』東信堂、２０２０年。

豊永耕平（とよなが・こうへい）【第8講】
２０２０年　東京大学大学院教育学研究科博士後期課程単位取得満期退学、修士（教育学）
現　在　立教大学社会学部助教
主　著　『学歴獲得の不平等――親子の進路選択と社会階層』勁草書房、２０２３年。

「出身大学の学校歴と専攻分野が初職に与える影響の男女比較分析——学校歴効果の限定性と専攻間トラッキング」『社会学評論』69（2）、２０１８年。

寺町晋哉（てらまち・しんや）【第9講】

２０１４年　大阪大学大学院人間科学研究科博士後期課程単位取得退学、博士（人間科学）

現　在　宮崎公立大学人文学部准教授

主　著　『〈教師の人生〉と向き合うジェンダー教育実践』晃洋書房、２０２１年。

＊髙橋史子（たかはし・ふみこ）【第10講】

２０１５年　オックスフォード大学大学院社会学博士課程修了，D. Phil.（社会学）

現　在　東京大学教養学部附属教養教育高度化機構社会連携部門特任講師

主　著　『新グローバル時代に挑む日本の教育——多文化社会を考える比較教育学の視座』（共著）東京大学出版会、２０２１年。

『移民から教育を考える——子どもたちをとりまくグローバル時代の課題』（共著）ナカニシヤ出版、２０１９年。

山本宏樹（やまもと・ひろき）**【第11講】**

２０１２年　一橋大学大学院社会学研究科博士後期課程単位取得退学、修士（学術）
現　在　大東文化大学文学部教育学科准教授
主　著　『教師の責任と教職倫理——経年調査にみる教員文化の変容』（共著）旬報社、２０１８年。
『だれが校則を決めるのか——民主主義と学校』（共編著）岩波書店、２０２２年。

伊藤秀樹（いとう・ひでき）**【第12講】**

２０１３年　東京大学大学院教育学研究科博士課程単位取得退学、博士（教育学）
現　在　東京学芸大学教育学部准教授
主　著　『高等専修学校における適応と進路——後期中等教育のセーフティネット』東信堂、２０１７年。
『生徒指導・進路指導——理論と方法　第二版』（共編著）学文社、２０１８年。

小西尚之（こにし・なおゆき）**【第13講】**

２０１３年　大阪大学大学院人間科学研究科博士後期課程単位取得退学、修士（教育学）
現　在　金沢学院大学経済情報学部准教授
主　著　『教師のための教育学シリーズ11　子どもと教育と社会』（共著）学文社、２０１６年。

「総合学科高校におけるカリキュラム・トラッキング――3年間のパネル調査から」『カリキュラム研究』21、２０１２年。

布川由利（ぬのかわ・ゆり）**【第13講】**

２０１５年　東京大学大学院教育学研究科博士前期課程修了、修士（教育学）

現　在　高崎健康福祉大学人間発達学部助手

主　著　「『冷却』を問い直す――Erving Goffman の視点から」『教育社会学研究』１０５、２０１９年。

「いかに生徒に進路選択を促すか（研究ノート）」『国立教育政策研究所紀要』１４５、２０１６年。

註

学生の発言とレポートの本書への掲載については書面で許可を得ていますが、匿名性を保つために改編した箇所があります。

次ページの参加学生一覧には保護者の学歴、出身都道府県、性別を含めました。これらは学期開始時のオンライン調査への回答と履修登録情報に基づきます。全回出席で単位を取得した学生であっても調査への未回答がある場合、属性（の一部）は未表記のままにしてあります。

参加学生一覧（順不同）

（両親大学院卒・神奈川県出身・女）

（両親大卒・神奈川県出身・女）

（両親大卒・広島県出身・男）

（両親高卒・福井県出身・女）

（両親大卒・埼玉県出身・男）

（両親大卒・宮崎県出身・男）

（両親大卒・神奈川県出身・男）

（両親大卒・香川県出身・男）

（両親大卒・愛知県出身・女）

（両親大卒・長野県出身・女）

（両親大学院卒・愛媛県出身・女）

（両親大卒・静岡県出身・男）

（両親大卒・三重県出身・男）

（両親高卒・静岡県出身・女）

（両親大卒・茨城県出身・男）

（両親大卒・愛知県出身・女）

（両親大卒・埼玉県出身・男）

（両親大卒・神奈川県出身・男）

（両親大卒・東京都出身・女）

（両親高卒・宮城県出身・男）

（両親大卒・愛知県出身・男）

（両親大卒・海外・女）

（両親大学院卒・東京都出身・女）

（両親大卒・東京都出身・女）

（両親大卒・福井県出身・女）

（両親大卒・福岡県出身・女）

（両親高卒・神奈川県出身・男）

（父親大学院卒、母親大卒・神奈川県出身・女）

（父親大卒、母親高卒・神奈川県出身・男）

（父親高卒、母親大卒・静岡県出身・女）

（父親高卒、母親大卒・栃木県出身・女）

（父親高卒、母親大卒・東京都出身・女）

（父親大学院卒、母親大卒・埼玉県出身・女）

（父親大学院卒、母親大卒・愛知県出身・男）

（未回答・鹿児島県出身・男）

（未回答・未回答・女）

（未回答・未回答・男）

（未回答・未回答・男）

計38名

【第1講】東大生と教育格差を考える

中村高康（東京大学）

＊教科書第1章　教育は社会の中で行われている
第2章　教育内容・方法は社会と深く関わっている

押さえてほしい三つのポイント

中村　私の専門分野は教育社会学です。比較教育社会学コースの教員で、特に教育、選抜、社会階層、入試のあたりを中心に研究してきて、格差の問題にも強く関心を持っています。

私が担当している（教科書の）第1章と第2章は、本全体の前提といいますか、基礎的な部分になっています。第1章に関しては、教育と社会の関係を意識して教育の問題を考える点を強調していて、第2章は教育内容と方法の話ですが、これらも社会と深く関わり、なおかつ社会の中には格差の問題が深く関わっているんだという話をしています。これらに絡まる形で第3章以降が続いていきます。

ぜひ皆さんに押さえていただきたいポイントが三つあります。

一つは、「社会を意識して教育を考える」。教科書の中にも書きましたが、教育の問題を考えるとき、自分の受けてきた学校体験を材料にしますよね、どうしても。

この授業に応募する際に書いてもらったメモでも、かなりの人たちが「自分はこういう教育を受けてきました」とか、「自分はこういう感じで今まで育ってきたので恵まれていたと思います」とか、「自分は地方出身で、東大に来てちょっとカルチャーショックを受けました」とか、みんな、体験を書いてくれているんです。

体験に基づいて考えるのは教育を理解するうえで非常に重要なことで、基本的には捨てちゃいけない部分です。ですが、ちょっと距離を取って、そういう議論をたくさん聞いてみると、誰も彼もが体験で語っているということに気づくんです。だから、体験を大事にするのは大切だけど、ときとしてそれを捨てる勇気を持たないといけないんじゃないか。これが私の考えでもあり、おそらく教育社会学を勉強した人は比較的こういう考えになりやすいのかなと思います。

それから二つ目は、「異質な他者への想像力を鍛える」ことです。例えば学校の先生になったとして、自分と同じような体験を持った人たちのことは比較的よく想像できるので、この学年になったらこれぐらいのことができるようになるかなとか、この部活にいる奴らはこんな感じだよなとか、極端に言ったらそういうローカルな知識まで含めて、体験ベースで結構やっていけるはずです。でも実際のところ教育とはものすごく多様で、都会の人は地方の教育をなかなか想像できない場合もあるし、それから公立高校の人は中高一貫教育をなかなか想像できない。だからこそ、私たちは自分と違う経験を持っている人たちのことを考えていかなきゃいけない。それを「異質な他者への想像力」という言葉で表現しています。教育だけではなく社会問題を考えるときは、これを踏まえて考えられるようになると良いんじゃないかな。

最後は、「格差に敏感であることの重要性」。異質な他者への想像力を鍛えるための一つの方法として、格差の問題を考えるのは非常に良いことです。逆に、格差の問題を感じるためには、異質な他者への想像力が必要になることもあると思います。

特に東京大学の学生は進学校から来ている人たちが本当に多いですし、最近だと中高一貫の私立から来ている人たちも多い。地方から来る学生たちも、その地域のトップ校とか進学校出身者が非常に多いわけです。ですので、そういう人たちの集まりであるってことを自覚しつつ、なおかつそれを相対化していくような議論ができればより良いと思います。同じような意見で、みんなでそうだよねって一致するんじゃなくて、いろんな意見がぶつかり合うような議論ができればすごくいいですね。

議論のテーマ

教育格差を助長しそうな学校での具体的な教育実践（教育内容、教育方法、教育活動など）を、皆さんの経験に照らしてできるだけたくさん挙げてください。次に、その中から教師が最も意識しておくべきと思うもの一つを選び、その理由を教えてください。

教育内容や教育方法でもいいですし、もうちょっと広げて教育活動、教育実践と呼ばれるようなものでも構いません。先ほど経験を重視しちゃいけませんって言ったけど、いろんな経験が多様に吐き出されれば、それは一個人にとっては未経験の現象をいっぱい吸収できることになるので、とりあえず今回は経験ベースでいいです。

こういう教育を受けてきたけど、これって実は格差を広げちゃっていたんじゃないのとか、恵まれない子たちにとってはちょっとつらいやり方だったんじゃないですかとか、この行事はどうだったんだろうみたいなね。そういうのをどんどん挙げてください。

その次に、教師が最も意識しておくべきと思うもの、皆さんがいっぱい挙げたものの中から、一番、これはやっぱり押さえといてほしいよね、これは忘れないでほしいよねって思うようなものを一つ選んで、その選出理由をグループの中で議論したうえで挙げてください。

＊　＊　＊

「レベル分け制度」が生む格差

オオタ　レベル分け制度が一番意識しておくべきものと考えました。例えば中高で「東大クラス」のように、習熟度別にクラスが分けられることです。メリットは、できる子にはよりレベルの高いことをやらせるし、あんまり得意じゃない子にはフォローをいっぱい入れられることだと思います。一方で、レベル分けによって、どんどん伸びる子は伸びていくし、伸びない子はそのままになるかもしれない。格差が広がるすごく大きな要因になっているんじゃないか。

逆にレベル分けをしないと、それはそれで、クラスの中で差が生まれたり、自分に合ってない教育を受けさせられたりすることもあり得る。いい面と悪い面の二面性があって、それが難しいです。

ヒラノ　私のいた高校は校内の学力の差が激しかったので、レベル別の制度を導入できないかと校長先生に掛け合ってみたことがあります。でも、公立高校ではＳＳＨ（スーパーサイエンスハイスクール）など何か特別な理由がない限り、基本的にはできないと言われてしまいました。レベル別によって個別最適な教育を施せるかという問題は、公立と私立の違いとしても考えられるのではないかと思いました。

中村　校長に掛け合ったんですか。すごいですね。公立／私立間の格差ですか。

アオキ　レベル分けが教育格差の再生産になるというのが、私にはなかった視点ですごい新鮮でした。でも私は、逆の考えです。例えば地方と首都圏とか、学校ごとに受けられる授業のレベルの違いがあると思っていて、そうすると、一つの学校の中でレベル分けがあることは、校内で見れば格差の再生産につながるけれど、全部の学校で見たときには、高いレベルの授業を受けられたり、自分に合ったレベルの授業を受けられたり、地方と首都圏にある格差を縮めることにもつながったりするのかなって。

中村　そこは議論になるところです。教育社会学ではトラッキングとか、高校間の格差構造の話はよくテーマになるんです。具体的な、専門的な議論にもつながっていく大事なポイントを指摘してくれたと思います。

タカギ　特に私立学校の場合、よい進学実績を出すという目的がまずあって、そのための手段として選抜クラス、レベル分けという制度ができてしまっている。だから教師が目的にとらわれて、上のクラスに自分のリソースを割いて、下のクラスにはより少ないリソースしか割かなくなってしまう。教師の意識を変えさえすれば、それぞれのニーズに合った教え方ができて、ｗｉｎ-ｗｉｎな制度になる可能性があると思います。

ノグチ（現職教師）　習熟度別学習をすると、どうしても君は上、あるいは下だよってラベリングされることになりますよね。それによって、メンタル的に逆境から抜け出すことが難しくなってしまうように感じます。自分の序列が決まってしまい、それが学力面にとどまらず、気持ちの部分にも影響が出てきてひっくり返せなくなるんじゃないでしょうか。授業全体は学力の真ん中に合わせるけれど、上下にも対応するような支援が併せて展開されれば、格差を広げないことができるのではないかと。

イマイ　似たような経験があります。小学校で漢字テストをやったとき、「全問正解するまで帰れません」という方式だったのですが、これって人によっては無駄に自己肯定感を下げてしまうのではないかと今では思います。「私は勉強得意じゃないんだな」って勝手に思い込んでしまう。

中村　それは何の格差ですか。

イマイ　繰り返されると「意欲の格差」になるんじゃないかな、と。

中村　一つのやり方をすると、その特性に合わない人が不利になる。これは多分、どんなやり方をしても起こることですよね。だから何を優先するべきかが論争になるのかな。みんなにとって良いやり方があるんですかね。

キムラ　そもそも論なんですけど、結局は学力って何なんでしょうか？　例えば難しい漢字が分からなくても、ある程度はカバーできますよね。あるいは、障害を抱えていても、配慮を受けることによって進学は可能だと思います。でもその障害がいわゆる考える力だったり言葉を扱う力に結びついてしまうと難しくなる。そういう「学力」の価値観で人を本当に測っていいのかな。学力という能力を個人だけの責任にして回避しているような気がします。

中村　学力をどう定義するのか。これ自体が大きな問題ですよね。そこをめぐって階級闘争が行われていると捉える人だっているくらいです。学力の定義を権力者が恣意的に採用すれば、自分たちの子どもやそのグループが有利になり得ます。これは絵空事ではなくて、例えばアメリカのＳＡＴ（大学入学者選抜用の標準テスト）のような統一試験は白人に有利だなんて昔からいわれています。教育社会学では、学力の定義自体がすごく闘争的という考え方もあるんです。

修学旅行や部活にも家庭環境が影響する

中村　松岡先生の本（『教育格差』ちくま新書）でもよく書かれている「生まれで変えられない格差」も少し思い出してみてください。これは、社会学では格差の中心的なテーマになってくるので。

タカギ　どうしても高校のエピソードが一番記憶に新しいので、それになってしまうのですが、生まれの格差で思い出したことがあります。学校って、いろんな「研修」があるじゃないですか。まず修学旅行もそうだし、オプショナルなもので海外研修なんかも学校によってはあったりして。でも家庭の金銭的事情で、行きたくても行けない人が出てきてしまう。それは「行ける人」を行かせるべきなのか、それとも「行きたい人」を、お金を支援してまで行かせるべきなのか。

修学旅行って実質、全員が参加する義務的なものに近いですけど、ギリギリまでお金が払えなくて、自分でバイトして何とか参加したっていう人もいました。でも、それはその子の勉強する時間を奪うことになっている。だから、学校の表向きの枠組みから外れた行事とかにも格差はあるなと感じます。

タナカ　似たようなことは部活動でもあると思います。特に、保護者のサポートが必要である場合の家庭環境による差や、地域の差です。例えば中学校で部活に入る人が多いですけど、遠くの会場で試合をしなければならない、公共交通機関が少なくて親の送り迎えが必要というとき、家庭環境によって部活をやめなければいけない子を間近で見た経験があります。そうなるとただ楽しみが奪われるだけでなく、内申書にも影響します。そしてそれが受験結果を左右することもあり得る。家庭環境が格差につながるケースだと思いました。

中村　私の子どもが小学校に通っているとき、近所の野球チームに入ろうと思ったら、土日祝日は全部練習だって言われてびびってやめました。結構ハードですよね。試合や遠征に行ける人と行けない人がいるだろうなっていうのは、自分も日頃から感じていたことです。

ムラカミ　内申制度って、経済力のある人のほうが絶対有利になりますよね。

中村　生活全般、部活だけじゃなくて、学校の外の活動や、海外（留学）関係、それから修学旅行。他にもいろんな活動に対応し切れない人が出てきたりとか。

「主体的な学び」の落とし穴

ゴトウ　学校内部に話を戻すと、最近増えている探究学習、協働学習にも格差があると思います。私のいた高校はアクティブラーニングなどが活発に行われていて、例えば教員から提示された問題について生徒が話し合ったり調べたりして、授業内で結論を出すような形式の授業がありました。そういうとき、学問への興味があったり、ある程度学力がある人は、結局、あまり学力がない人たちに教える役割に回ったりします。あるいは、「教科書にはこう書いてあるけど、なんでこうなるんだろう?」みたいな、学問の本質に迫るような議論になった際、やっぱり勉強にあまり興味ない子は、そういうのはどうでもいいから教科書に書いてあることを写してとりあえず終わらせようとする。そんな経験が心に残っています。

　学力に加えて学問への興味自体、家庭の経済的、文化的な資本が大きく影響している部分がありますよね。結局、家庭環境が学力に影響して、それでまたその子どもが将来、社会人になったときの資本みたいな部分に影響していく「格差の再生産」が起こっているんじゃないか、と。今、文科省が初等教育、中等教育で「主体的・対話的で深い学び」みたいなものを全面的に推進しているからこそ、格差をつくる実践になり得ることを意識する必要があると思いました。どうすればいいかはパッと出てきませんが、格差を再生産する可能性を教師が意識して、授業でもそういう視点で声かけしていくことは一つの解決策なのかなと考えています。

コバヤシ　最近の傾向として、ペアワークのようなスタイルが重視されているので、そういう活動に潜んでいる格差には注意するべきだと感じます。これが何の格差かっていうと、学びの量や質の格差を、地域間や学校間で生み出すと考えています。学びが進んでいる子が多い学校は、ペアワークによって得られるものが多いですけど、そうでない学校においては、あまり実りあるワークができないことがあると思います。そういう現状をちゃんと把握したうえで、学校やクラスによって方法を選択できるのはどうでしょう。そのためには、やっぱりペアワークによる格差を意識する必要があると考えました。

中村　教育の効果が、社会集団によって異なるということですかね。

サカモト　私はジェンダー面の格差に注目しました。男子が理系に進みがちで、女子は理系に進みづらい、逆に男子は文系に進みづらい現象がありますが、中学校などで数学の先生は男の人が多く国語の先生は女の人が多いと、先入観にもつながって、性別による格差を助長するのではないかと思いました。自分がどうにかできる問題じゃないかもしれないのですが、指導の工夫はできるかもしれません。例えば進路選択の際に先生が、性別を理由に物事を決めようとしている子に、「もう1回考えてみない?」って止めてみるとか。

中村　なるほど。ちょっとした声かけが先入観を壊すことはあるよね。

皆さん、ありがとうございました。今日出てきた話題の中には今後の回でじっくり扱うテーマもありますので、楽しみにしていてください。

いろんな意見が出て面白かったです。習熟度別とかレベル分けとか「学力の格差」に関わる話が複数出ていましたよね。その辺は東大的というか、進学校的な感じも少ししました。もちろん他にも、ジェンダーの問題などもありましたが。

あと自分の中で思ったのは、生まれてから変更できない特性が格差に結びつくことについてもっと意識して考えたいということです。そういう個々人の特性の差が社会の側の構造や規範とリンクするときに序列化されることがあります。いじめなんかもその一例ですね。個人と社会がリンクして差異の序列化が発生したときに、教育格差が社会構造的な問題としてクローズアップされてくる面があるので、そのあたりも意識しながら次回以降の授業にも参加してください。

授業後レポート

ハヤシ　習熟度別クラスについて、自分としては生徒それぞれに合った学習を可能にするのでむしろ格差を是正する制度だと考えていたが、学校としての進学実績のために上位クラスに教育リソースが偏って配分される、という指摘を受けて、必ずしも格差是正につながらない（場合によっては拡大する）こともあると感じた。一つの制度をとっても、その実践方法次第で格差を是正することも拡大することもある、という気づきがあった。

オノ　多様な人の様々な経験から、格差を助長していたかもしれないという事例をたくさん聞くことができ、学校教育の中には、意識して見ないと見落としてしまう格差を拡大させる仕組みや教育方法などがいくらでもあるということに気づいた。また、東大生の特徴なのかもしれないが、自分も含めたほとんどの人が教育格差＝いわゆる学力の格差ということを、前提としているということがとても興味深いと思うと同時に、その他の格差も見落とせない問題であるのだという認識を改めて強く持った。

　一方で、格差が存在することは肯定すべきことではないにせよ、致し方ないものであるとするならば、ある指標における格差を意図的につくり、総合的に見たときに全体の格差を小さくさせるといった問題解決方法もあるのではないかと考えた。例えば、文化祭や運動会などのいわゆる学校行事においては、学力差とはあまり関係なしにリーダーシップを発揮する生徒が現れ、また普段学業の面で芳しい成果を残せず自己肯定感を低めていた生徒らに、活躍の機会を与えることができる。ここでこういった行事においては、むしろ行事に対するやる気、人付き合いの上手さ、発信力など、学力とは別の指標によって振り分けが行われる。

これらの能力と学力に相関関係があるという可能性はもちろん考えられるが、学力のみを指標とするよりかは、多くの学校行事に異なる生徒の能力指標を導入することは、幾分かマシなように思われるし、個人的な体験及び見聞した経験しかソースはないが、これらの関係は薄いだろう。文化祭や運動会は、それだけで見れば格差を広げる仕組みに思えるかもしれないが、格差の種類、そして全体としての格差という点に着目したとき、格差是正装置となっていた可能性もあるのではないかと考えた。

オオタ　「教育格差を助長しそうな学校での具体的な教育実践」を考えるうえで、実感として教育格差を感じたことが少なく、パッと具体的な事例が思い浮かびませんでした。おそらくそれは自分が非常に恵まれた環境に育ち、格差を感じずに済んできたからだと思います。それがまず一番の学びでした。

東大生という集団がすでにそういった人たちの集まりではあると思うのですが、自分は特に都内私立中高一貫校出身ということで、その中でも格差を感じづらい環境にいたのかなと思います。今後のテーマでは僕とは違う環境で教育を受けていた人たちの経験・意見をもっと聞きたいというのと、そのみんなも東大生で比較的恵まれた環境にいた（と思われる）人たちだということに留意しつつ議論に参加していきたいです。

タカギ　議論を振り返ってみたとき、「そもそも学校教育は格差の解消についてどこまで責任を持っているのだろうか」という問いが生じた。この問いに対する答えとして「公正性を保障するところまで」という仮説を立てた。民主主義において体現されるべき概念の一つである公正性は、性別などで差別することなくすべての人が享受するべき権利を保障されることであり、選挙権の拡大はその例である。日本で言えば、教育における公正性の実現とはすべての人が義務教育を受けられるよう保障することだろう。例えば障害を抱えている子や世帯所得の少ない子などへの支援である。

　しかし、公正性に含まれるのは本当にそれだけなのだろうか、と異論を唱える人もいるだろう。実際、議論でも「所得格差による、部活動や研修などから得られる経験値の格差」などについての意見もあった。しかし、資本主義社会である以上、持てるお金の量によってできることに差が生じるのは当然のことでもある。その差を学校教育が埋めるというのは、少々非現実的なのではないか、と考えてしまう。

　だがそのように考えている自分を客観視したとき、想像力のなさを痛感した。勉強に限らず「やりたい、かつ可能なこと」が見つからず、日々をＳＮＳとゲームに奪われるままの高校生。正直なところ、当時自分はそのような同級生を進学校という文脈の中で非難していた。

想像力を養う、という目標の達成のために、本ゼミの仲間に積極的に取材していこうと思う。彼らはその母校では「意識高い系」という立場にいたであろう、ということに留意しながら。

ヨコヤマ　各班が発表を始めて少し経った頃、突然新たな自分（性別は女性）が現れて、耳元でこんなことを言い出し始めました（主に、勉学における格差の話が取り上げられているときでした）。

なんかみんな、きれいごとばかりじゃない？　東大生という比較的恵まれて、能力値も高い（?）人間だからこそ、異常なまでに自分と正反対のような、学力があまり高くない人のことに気を遣うべき（もしくは、私は、彼ら／彼女らが大変な状況にあることを知ってる東大生なんだよ！）と思ってるところがありそう。勉学の格差について取り上げていた班は大体が、自分が格差を感じたのではなく、こういう制度があって〝私は〟恩恵を受けてた（もしくは特に何も負担はなかったけど）。私じゃない〝誰か〟は、こんな格差を感じそう。という話だったようにも思うし。

彼女はさらに続けました。

解決策として挙げられていたことも、レベルが低いほうにみんなで合わせよう！　落ちこぼれが出ないようにしよう！　みたいなふうに感じられてしまったわ。というか、学力の差も格差とするのすら大袈裟な気もするわ。格差の再生産の話も出ていたけど、上位のものがもう一度上位に行くことが駄目なのではなくて、下位のものが上位に行きづらいことが問題なんでしょ。上位の親が子どもを上位に行かせようとお金と時間を費やすことは当たり前じゃない！だから難しいのよね。上位に有利な構造を変えるとかいう問題じゃなくて、上位層はどんな社会でも有利な立場になれるような、モノと余裕を持っているのよ。社会が求めるものに応じてその時々に必要なものに惜しまず、お金なり時間なり環境なりを揃えることができるんだもの。

彼女は文句を言うだけ言って、なんの解決策も話してはくれませんでした。

私は、彼女の話を聞きながら、そして今この文章を打ちながらも、彼女は少し性格がひねくれているようだと感じます。正直、この文章は筋が通っていると思っているから書いているのではありません。何が言いたいのか分かるようで分からないし、議論が二転三転しているように私には感じます。

ではなぜ彼女の台詞を引用するに至ったのか。それは、私の中にひねくれた思想が現れるほどに、授業中のいくつかの発言に対して私の中には違和感や文句が生まれ、そしてその違和感は文章に起こすとすごく嫌な感じになって（授業翌日の私が、彼女の台詞の乱雑なメモを見たとき、確かに彼女への幾分の嫌悪感を抱いたように）、でもそんな違和感が容易に生まれてしまうほど、この授業で扱った問題は難しく、そして考えさせられるものだと感じたからです。

私にとって今回の授業で大きく印象に残ったのは、残念ながら、誰かが教えてくれた体験談でも、先生がおっしゃった言葉でもなく、この授業を取るような教育格差に関心のある（？）

私でも、小さな違和感からこんなにもひねくれた考えに陥ってしまう可能性があるのだなあという一種の恐怖感のようなものでした。

マツモト　いくつかのグループに分けて個別に議論を行ったにもかかわらず、複数のグループが「レベル分け」という同じ結論にたどり着いたことは驚くべきことであった。（中略）「学力の格差」を発展させるテーマに選んだということは、東大生にとって「教育の目的≒学力」という数年来培《つちか》ってきた何らかの無意識の前提があるのではないかということ、そして第二にこれに加えてジェンダーの問題や親との不仲の問題が上がったことも含めて考えると、「異質な他者」のボキャブラリーがあまりに貧困ではないかという印象を抱いた。

サカイ　探究活動においては、大学とのつながりが重要になってくる場面が多々あります。特にＳＳＨ（スーパーサイエンスハイスクール）に指定されている学校では、大学や高専と連携して研究もしくは探究を進めていく場合があるそうです。その際に、「学校の周辺に大学やその他連携してくれる施設があるかどうか」は探究活動の質を担保するうえで重要な分岐点になってくると思われます。一方で、特に地方には周辺に大学がない地域が多くあります。そのような地域と、都市部で周囲に大学や企業が多いところとでは、探究活動によって得られる経験の質に差ができてしまうのではないかと思います。

ナカノ　私が議論以外の部分で特に印象に残ったのは、中村先生がほぼすべての班に「それは一体何の格差？」と質問していたことです。確かに、「教育格差」とはいうけれど、それは実際に何の格差なのか明確にすることが重要だなと考えました。教育の機会、質、内容（レベル）など、多様な着眼点があるうえ、そもそも教育が何を目指しているかによっても変わると考えます。

ノグチ（現職教師）　教育は、誰もが自分が受けてきた教育経験を通して自分の考えを持つことができる側面がある。どうしても自分の経験だけで語りがちになってしまうが、教育内容やその「正しさ」はその時点の社会における暫定的なものであるという事実や、格差の存在を踏まえて議論することが必要であると思った。格差に敏感になり、自分とは異なる他者の経験を理解することは非常に重要である。しかし、真に他者の経験を理解し、尊重するためには、それと同じように自分の体験を大切にすることも必要であると考える。どちらも大切に思ったうえで考える必要がある。自分の経験を捨てる勇気と、大切にすることのバランスを取っていきたい。

グループごとの議論の中では、各自が最初にイメージして挙げたものに、重なりが多いことが印象的だった。習熟度別指導や上位層に合わせた演習形式の授業など学力によるもの、部活動や体験型学習に現れる金銭や地域、保護者の取り組みに起因するものなどが重なって挙げられた。この事実をどう捉えたらよいのか、疑問に思った。

学校において格差の拡大を助長する取り組みはある程度絞られており、どの学校でも同じような取り組みによって格差が拡大しているから、そこを重点的に見つめ直せばよい、と捉えていいのだろうか。または、本当はもっとたくさんの格差を助長してしまう実践があるけれど、（東大生のみで構成されているという）受講者の偏りにより、見えていないものがまだたくさんあると捉えるべきなのか。自分としてはどちらの視点も大切で、典型的なものはきちんと押さえつつ、自分の気づいていないものがあるはずだという姿勢が重要であると考える。

教師として日々職務にあたることは、無数の実践を積み上げていると言い換えることもできる。どんな実践を行うかを選択するにあたり、自分が正しいと思う実践、文科省が進める実践、今必要だといわれている実践など、その根拠は様々だ。しかしそのどれもが、格差というレンズを通して見ると危うさを含んでいることが分かった。独自の実践であれば、格差の視点で見たときに適切だろうかと振り返ることもあるかもしれないが、主体的・対話的で深い学びやペアワークといった、現在全国的に正しいと思われているものについては、批判的に捉えなければ振り返る機会を持ちづらいと感じる。多くの人が正しいと思う実践の中にも危険があるということに、教師として自覚的である必要性を感じた。それと同時に、では一人の教師としてそれぞれの場面でどう向き合い、対処していけばよいのかという、とても難しい疑問にぶつかった。「生まれ」による格差に自覚的になり、なるべく格差拡大を助長しないよう、教育実践を行っていく。その積み重ねでは十分ではないと感じる。この講義を通して、この疑問に対する自分なりの答えを見つけられたらいいと思う。

【第2講】現在に至る軌跡を振り返る

松岡亮二（龍谷大学）

＊教科書第3章　教育は階層社会の現実から切り離せない
第5章　制度が隔離する高校生活

データを通じて自己を理解する

松岡　議論の土台を整えるために、教科書第3章と第5章の概要と多少の補足をしますね。

まず、「教育格差」の定義は、出身階層、出身地域、性別といった「本人に変えることができない初期条件」である「生まれ」によって学力や学歴といった教育の結果に差がある傾向を指します。一方で、東大を出たら官僚になりやすいとか大企業に入りやすいという学歴によって便益の結果に差がある傾向を「学歴格差」と呼びます。これらをごっちゃにして話す人がメディアでも多いですが全く別の概念です。

いわゆる「高学歴」だと就職先の選択肢が多いとか収入がよいとか特別扱いを受けやすいみたいな、学歴格差の話はここでは議論しません。現実の社会では東大や有名大卒であれば様々な恩恵があるわけですが、もし「生まれ」で教育の結果に差がないのであれば、学歴格差が批判されるべきかどうかは意見が分かれるはずです。大まかには、江戸時代だと親子の職業が世襲される身分社会だったわけですが、明治時代以降は試験に合格さえすれば「生まれ」がどんな家であっても異なる職業の道に進むことができるようになりました。学歴は「生まれ変わり」の手段なわけです。地方出身でも有力者の知り合いが一切いなくても、東大に入ってそのまま国家公務員試験と採用試験に受かれば官僚になれる、親族のネットワークがなくても大企業に入れる可能性が大きく開かれている。

　人を評価する際、出身階層、出身地域、性別といった「生まれ」ではなく、能力と努力の証である学歴を用いる。この一文だけであれば学歴社会を支持する人もいるのではないでしょうか。一方で、すべての人が同じ条件で学歴獲得競争に参加しているわけではないという実態があります。「生まれ」が恵まれているほうが比較的高い学歴である大卒になりやすい教育格差が全体の傾向として存在するわけです。

　日本における主な「生まれ」は出身家庭の社会経済的地位（Socioeconomic Status、以下ＳＥＳと省略）、出身地域、性別の三つです。ＳＥＳ格差（あるいは階層格差）、地域格差、男女格差があって、特にＳＥＳ格差と地域格差はだいぶ重なっています。社会経済的に恵まれている層は基本的に大都市部に多く住んでいるので、地域格差は部分的にはＳＥＳ格差でもあります。ＳＥＳ格差、地域格差、男女格差の三つが重なっていることを想像して、その中のどこに自分自身が位置付くのか、後で言語化してみてください。

具体的に理解するために、教育格差がない社会についても考えてみましょう。親の学歴や世帯所得が教育の結果と関連していない状態です。ざっくりとしたイメージとしては、例えば、世帯所得下位20％の家庭出身者が大学生数全体の20％を占めている状態です。実態は全然違いますね。

地域格差も同じで、出身地域が教育の結果と関連しないのであれば、日本全体の大学生の出身地域が各地域の人口比と大体一致するはずです。でも、皆さんご存じのように、東京とか神奈川などの首都圏、それに愛知とか京都とか、そういう大都市圏出身だと大学生になる割合が高いのが実態です。

同様に、もし性別による障壁が一切ないのであれば、日本全体の大学生の性別は約半々、東大の女性比率も2割に留まらないはずです。

ただ、議論の際に留意してほしいのですが、データが特定の傾向を示していても、それは「例外なくすべてがそうだ」という意味ではありません。２０１５年の20代男性だと父親が大卒のうち8割が本人大卒になっていて、父親非大卒だと35％が本人大卒といった具合に明確に傾向としては差があるわけですが、見方を変えれば、父親が大卒でも大卒にならなかった人は2割いるわけです。10人いたら2人は当てはまらないわけで、教育格差という全体の傾向と一致しない実例を見つけることはそんなに難しくありません。ただ、その実例ばかりを数百数千集めたところで、データが示す社会全体の傾向を否定することはできません。

自分や周りを見てデータと一致しなかったときは、なんで自分や知り合いのケースは統計が示す全体の傾向と違うのだろう、と考える好機だと捉えてください。個々のケースと統計を行き来することによって、社会全体への理解、それに、自分自身を仮説的に社会の中に位置付けることができるようになるはずです。

データが示す社会全体の実態と個人の見聞の一致と乖離《かいり》を言語化して社会全体の中で自分がどのような「生まれ」なのかに自覚的になることが、中村先生が前回指摘された「異質な他者への想像力」を持つ基盤になるはずです。社会全体のために自分に何ができ得るのかを模索する契機にもなるのではないでしょうか。

議論のテーマ

① あなたの親の学歴と子育てパターンを記述しましょう。子育ての具体的な実践については、三つの観点（１）「日常生活の構造化具合（習い事、娯楽の制限、門限など親の意図的介入の強さ）」、（２）「言語の使用法（議論・交渉の有無など）」、（３）「社会的つながり（学校などとのつながり）」で、いくつかの教育段階（10歳あたり、中学・高校など）について、その変化及び推測される背景・理由も含めて、書き出してください。

② 卒業した高校の特徴（学力偏差値、生徒の平均的なSES、主な進路・規範・教師からの期待度など、校則などで明示されていないけれど生徒の行動を左右している「隠れたカリキュラム」）を可能な限り書き出しましょう。

＊＊＊

ゲーム、漫画などの娯楽

松岡　まず①について議論しましょう。社会全体としては小学校の段階でも差があるのは教科書掲載のデータにある通りです。時期の一つとして示した「10歳あたり」はアイデンティティが形になり始める頃ですね。私が引用した米国の研究も対象が10歳で、『千《せん》と千《ち》尋《ひろ》の神隠し』の主人公も10歳です。親の影響は強いけれども、本人が自分を確立しようとしている時期。

ナカノ　よろしいでしょうか。自分に限らず何人か、ゲームを買ってもらえなかったり禁止されていたりと言っている人がいて。もちろんゲームをやっている人も全然いたんですけど、一定の特徴、傾向があるように感じます。そこそこ勉強してほしいと親が思っているからこそ、そういう制限が生まれる感じがして、もしかしたら私たちのこの（授業を履修している）層にはいないＳＥＳの人は、ゲームに関する制限が存在しない可能性もあるのかなと考えました。

松岡　データでも裏付けられています。両親が非大卒の層だと、例えばコロナ対応の一斉休校中にゲームなどの娯楽に時間を費やしていた割合が高かった。

ここでは、あくまでも「教育達成に有利かどうか」だけを見ています。10歳のときの自分に立ち戻ったら、「なんで同級生は家でゲームできるのにうちは許されないのだろう」とか、いろんな感情がありますよね。10歳の頃をありありと思い出したうえで、それは社会全体の中でどういう意味があったと解釈できるのか、考えてみてください。

ヒラノ　私は10歳ぐらいまで、漫画という存在すら知らない状態で育ちました。

松岡　これも「あるある」だと思います。漫画もそうだし、あとはどんなテレビ番組を家族で見ていたか。多分似たような経験を持っている人はいると思うけど、私が小学生の頃は、ＮＨＫ以外は許されていませんでした。

ナカガワ　親から受けた制限として門限があって、他の友達が夕方6時くらいまで遊べていたのに私の場合は「5時くらいには帰ってこい」と言われていました。あと、私の家でもテレビは基本ＮＨＫみたいな文化がありました。

松岡　多分、門限に関してはＳＥＳ×性別で差があって、両親大卒家庭の女性が一番厳しく管理されているのではないでしょうか。こういうとき、女子のほうがうなずきますね。

習い事も分かりやすい事例ですね。皆さんがＳｌａｃｋに書いてくれていた感じで、「やりたいことなら何でもいいよ」と親は言うのだけど、振り返ってみると選択肢がそもそも教育的によさそうなものに制限されていたという語りが散見されます。

　全体の傾向としては、ＳＥＳが高い層は幼児期からいろんな習い事や多様な経験をさせるけれど、小４を境に学習塾の利用に象徴されるような勉強に焦点化した子育てに移行します。

親と教師のつながり

松岡　誰か、10歳ぐらいのときの、親と教師とのつながりを覚えている人はいないですか。専業主婦や自営業じゃないとＰＴＡ含め学校に頻繁に顔は出せないなど職業との絡みがあるので、親の学歴ときれいな対応関係があるわけではないテーマになりますが。
ムラカミ　自分の場合ちょっと特殊かもしれなくて、親が小学校の教員なので、自分がどういう教育を受けているかを結構気にしていて……。
松岡　親ってお母さん？
ムラカミ　いや、両親です。だから都合が合うときはよく授業参観とかイベントとかに来ていたんですけど、自分の授業をやっている先生が知り合いだったりするので、余計気になるのかなと感じました。
イマイ　うちの母親は、運動会に行くとか担任の先生とちゃんとコミュニケーションを取るとか、学校とのつながりも人並みにはあったんですけど、それよりも塾の先生に相談したがりましたね。多分、子どもの勉強の面倒を見てくれる存在として学校よりも塾を信頼していたんだと思います。

松岡　韓国の研究によると、母親は子どもの状況を把握して結果を出すために塾を変えるそうです。日本でも私立中受験なら似たようなものなのかな。

サカイ　親と学校とのつながりに関して、三者面談とか保護者会も指標になると思っています。私は中学校が地元の公立で特に進学校でもなくて、高校は地元のトップ校みたいなところに行ったんですけど、中学校は三者面談に来るのは母親だけが多かった一方で、高校の三者面談だと母親だけではなくて父親も来る家庭が多くて。そこに、子どもの教育へのコミットメントの違いを感じました。

隠れたカリキュラム

松岡　では高校の話に移りましょう。

タケウチ　私の出身は愛知県の公立高校なんですけど、地方の公立高校は特に同地域の国公立に進学を望む風潮があって、逆に私立、例えば早慶とかへの進学をちょっと忌避するような風潮があるなと感じました。

通っていた高校が豊田市から通学可能なところなんですけど、豊田市の隣にみよし市というベッドタウンがありまして。そこにトヨタの、特にホワイトカラー系のご両親の子どもさんがたくさん住んでらっしゃって、そこから来る子たちはうちの高校の中でも結構上位層にいて、それこそ東大だったり京大だったり、あと地元の大学の医学部に行ったりみたいな傾向はありました。

松岡　もちろん校則で「国立大学進学が前提です、首都圏の私立に行っちゃ駄目です」とは書いていないわけですよね。でも、先輩もそうだし、先生もそっちを促しているし、本人たちもその期待を内在化させている。

ヒラノ　私の学校では文系よりも理系が偉くて、男子は理系、女子は文系の風潮が非常に強く、例えば文系のクラスで数学を受けていると、「文系だから仕方ないよね」とか「理系だったらここ分かるけど、文系はここやんなくていいからね」とかわざわざ言われることも多かったです。

松岡　性別による扱いの差は、特に地方だとより強いのかな。高校1年生時点の数学と科学の学力は男女で差があったとしてもわずかなものですが（詳しくは教科書第11章）。

エンドウ　塾に関しての話なんですが、私も比較的地方の公立高校で、塾は存在して一定数行く人はいるんですが、学校の方針として塾を勧めずに学校内で対応する方針を全面的に打ち出していました。実際、進路も国公立を勧める傾向にはあって、その中で塾を敵視する風潮があるのかなって思いました。

松岡　敵視までいくの？

エンドウ　敵視というか、行かなくていいみたいな。結構強く言われる印象はありました。

松岡　予備校がない地域で進学校が丸抱えというのは、過去の話になりそうですね。無料や安価な授業の視聴がオンラインで可能になっているので、進学指導をすべて学校が見るといった文化が今後も維持されていくのか気になるところです。

タカギ　僕は神奈川の私立の進学校出身なんですけど、他の皆さんの学校よりも学歴主義が横行していて、早慶以下はもう、言葉を隠さずに言うと人権がないくらいのレベルでした。先生たちの接する態度や、生徒を気にする気にしないのレベルさえ違うし。進路相談も、個人の希望を聞き入れるそぶりもなく、あくまで学歴一本。でも、大学受験から先はもう一切関与しないじゃないですか。だから進学校には進学校なりの弊害があると思います。

性別、地域の格差

オガワ　私の高校は栃木の県立女子高校で、一応県内トップの学校でした。そういう学校なので、国立大学に行くのは当然っていう進学校の雰囲気はあるんですが、その一方で浪人はしない。浪人は避けたいから東大とか京大のレベルまでは強く求めない、無理はしない風潮もあって。もう一つ対になるような男子校があったんですけど、そっちだと学年の半分ぐらい浪人して、東大に行く人も年に10人以上います。入学時点では多分そんなに学力差はないんですけど、男子校、女子校なのが関係して最終的な進路に差が出ていると思いました。

松岡　男子のほうが浪人していわゆる難関校に入るというのは、研究でも指摘されています。親とか地域の人たちのジェンダーロール（性役割）による期待値の差が影響しているのでしょうね。ちなみに栃木で東大に受かりそうにない女子はどこぐらいを期待されているの？

オガワ　東北大学が人気でした。

松岡　東北大学に届かない場合は？

オガワ　県内の宇都宮大学。

松岡　あくまで国公立なんですね。ジェンダーの差は大学受験の選択時だけではなく、もっと手前でも始まっています。ただ、同じぐらいの偏差値の男子校と女子校があって、進学先が違うっていうのは高校からの社会化過程による違いもありそうですね。

イシイ　自分は中高一貫だったんですけど、全体集会とかで東大合格者数と国公立の大学進学者数の目標数値を中1の頃から校長先生に言われていました。受験を意識していない中1のときは、ふーんって思っていたんですけど、自分が高2、高3になってくると……。学年の先生たちはそんなに数字にこだわってないというか、一人ひとりが行きたいところに行けばいいよっていう感じなんですけど、学校全体がそういう方向に向いちゃっているので、学年の成績がいい人はみんな東大だよねみたいな風潮があったように思います。

アオキ　私は県立のトップ校出身で、私大志望があまりよく思われないとか塾をあんまり勧められないとか共通しています。あと、入学したらすぐに志望校を書かされる。東大は首都圏の出身者が多いですけど、この授業には地方出身の人が結構多く集まっているのは、教育格差の問題意識に敏感になりやすい背景があるのかなと思いました。

松岡　国会議員でも選挙区が地方だと地域格差に関心があるようです。普段から陳情含めいろんな話を聞いているでしょうし、選挙区と東京の往復をしょっちゅうしているわけで実感しやすいのだと思います。ＳＥＳ格差を説明してもあまりピンと来ていない様子の議員でも、地域格差を切り口にすると分かってくれている感じになります。

シバタ　私は首都圏の、私立の中高一貫の女子校の出身です。中学受験から入って、一貫で6年間通いました。なので、男子校ではないですけど、東大生に割と多い、支配的なパターンかなと思います。

　私の高校は進学校ではあったんですけど、進路について先生からあまり口出しをされない学校でした。生徒本人が中学受験でせっかくうまくいったから大学もいいところに行きたいみたいな視点を内面化しちゃってるところは結構あったのですが。
それはいったん置いといて、放任的な学校だったからこそ、芸術系や音楽系の道に進む人も毎年一定数いたのかなと思っています。あと、この大学だとちょっと……みたいのはなかったし、国公立がいいっていうのも医学部を除けばなかったです。だから私は今回の議論にすごくギャップを感じました。

松岡　それも正直な感想だと思います。あとは多分ですが、男子校だったら芸術系の進路に対して物言いが入るのかもしれませんね。自分で稼いでいく前提のジェンダー規範があるかどうかで、そこへの緩さにちょっと差があるのかもしれません。

フジワラ　僕は愛知県の公立の出身なんですけど、隠れたカリキュラムでいうと合格体験記がそれにあたると思っています。高校生活の中で何度か、先輩の体験記が先生から配られて読むんですけど、大抵は東大や名古屋大に行った先輩が選ばれています。しかも大抵の人は引退まで部活を頑張りましたとか、塾には行かずに学校の勉強をすごく頑張りましたみたいな感じで。先生が誰に体験記を書かせるか、どのタイミングで読ませるかも高校の進路の特徴を再生産しているとまでは言わないでも、影響していると思います。教師からの期待が自然なのか意図的なのかは分かんないですけど。

松岡　地域や高校の中にある規範が先生方の願いとして表出しているんでしょうね。

今日はもう時間なので以上にしますが、レポートでもう一回、小学校、中学校、高校のときの記憶を呼び起こしたうえで教科書に掲載されているデータや研究知見と照らし合わせて、自分の経験が平均からどれぐらい離れていたのか、ものによっては一致していたのかを考えながら、「どのようにして現在の自分になったのか」を振り返ってみてください。

授業後レポート

イマイ　受講生の皆さんのご両親の学歴が軒並み高い様子は、想像通りだが「壮観」だった。（両親が高卒の私は）高ＳＥＳ家庭の親は大体「教育ママ・パパ」であり、塾などの習い事を熱心に子どもにあてがうのかな、と思っていた。しかし、皆さんの書き込みを見たら「習い事を自発的にやりたいと言っていた」という回想がとても多く、「やらされた」というような書き込みは少なかったので、思い込みが崩れた。そもそも、「自分から塾に行きたいと思う小学生」がこの世にいることが驚愕だった。

キムラ　今回の議論では東大生の出身校の中で想像以上の多様性があることを感じました。しかし、一方で共通していると感じたのが、学校（あるいは塾）という限られた教育の場において、強制か自由かに関係なく、その価値観を内面化していく過程を経ているということです（私自身もその一人なのかもしれません）。例えば、習い事の話の中で、「自分で選び取ったものでもその選択肢は常に教育的なものに制限されていたかもしれない」ということがありましたが、その言葉に納得させられました。周囲の人間によって社会の価値観に合致するように身に付けさせられたものが、自分自身の選択として解釈されるのだと。習い事が勉強、スポーツ、その他ピアノなどの素養などのような、成長して社会を生きるうえで有利に働き得るもので構成されていることに気づかされたのです（そして、大人になって再生産していくのでしょう）。

逆に言えば、習い事といった一見個人的な事柄に着目することで、私たちは常に社会というフィルターを通した自由の中に生きているということを発見できるのかもしれません。自分を取り巻く社会について考えることは、自分について知ることでもあるのだと思わされます。教育格差という視点によって、普段は意識しない権力に気づき、絶対的な価値観を相対化していくことを可能にすることができるということを改めて学ぶことができました。

タカギ　東大生同士で教育格差を議論することの限界を無視することはできない。過去2回、正直似たり寄ったりな意見・経験が多かった気がする。自分の経験を相対化するというこのゼミの目的を本当に達成することはできるのだろうか。それともこの冷めた姿勢が間違っているのか。自らの経験を語り合うという形式の効果は、ただ文献を読むときに比べて本人の口から話を聞くことにより、そのストーリーの現実味が増すというものだろう。相手が見聞きした第三者の話を聞く場合、その効果は薄れる。なぜトップダウンでは有効な策を発案することが難しいのか、その理由の一つを体感することができた。

教育格差の議論とは、教育格差のない理想の世界を実現するにはどうすればよいかを議論することを意味していると考えていた。だが、そうした思考回路が「社会」を分かった気でいる大人の独りよがりな「優しさ」の押し付けであるということに気づかされた。現場に存在する差のデータを集める教育社会学のボトムアップ的な手法のほうが望ましい。

本当にＳＥＳなどに起因する格差を解消したかったら、就学前教育や小学校入学直後の段階で手を打つ必要があるだろう。それ以降は各児童の家庭のＳＥＳに応じた社会的な振る舞いの違いが目立つようになり、付き合う友達や何をして遊ぶかなどに差が生じていく。以降、格差は固定化されていく一方だ。中高生を対象にした校外学習、海外留学等の情報のリーチや奨学金制度などは近年充実しているように思えるが、小学生を対象にしたものをもっと活発にするべきではないか、そこに伸びしろがあるのではないかと考えた。

サカイ　私は家庭環境が東大のマジョリティ（多数派）とかなり異なっていることは知っていたので、今日の議論を通してそれを再確認することができました。親の教育介入について、グループ内の議論で出たことの中に、「親から『ゲームをしてはいけない』『漫画を読んではいけない』と直接的には言われていなくても、『ゲームをし続けているとバカになる』と言われる、などの間接的な介入により子どもの行動が変わることもある」という意見があり、印象に残りました。

私の地元では、高学歴の先生は「探究活動推進校→県立トップ高→県庁（教育行政）」という流れを辿ることが多いそうです。このような教員のキャリアパスも、地域の教育行政や高校の教育方針に影響するのではないかと考えました。

授業の本筋には関係ないのですが、「トラッキング」についてずっと考えていることがあります。特に地方には、「偏差値の高い高校の子は大学以降県外に出る、中堅校の生徒は地元の大学に進学して地元で就職する」という流れがあります。もし、トラッキングが解消されれば、ＳＥＳが低い階層の子であっても偏差値の高い学校に行くことができるようになります。しかし、そうなってしまうと上記のサイクルが崩れ、地元を離れる人が多くなり地域経済が回らなくなるのではないか、とも思います。このことを考えると、トラッキングが本当に悪なのかよく分からなくなってきました……。

【第3講】すべては「頑張った」結果？　山下絢（日本女子大学）

＊教科書第４章「平等」なはずの義務教育にも学校間格差がある

上野千鶴子《ちづこ》先生（東京大学名誉教授／認定ＮＰＯ法人ウィメンズアクションネットワーク理事長）による２０１９年度の東大入学式の祝辞[1]（一部）

がんばったら報われるとあなたがたが思えることそのものが、あなたがたの努力の成果ではなく、環境のおかげだったことを忘れないようにしてください。（中略）あなたたちのがんばりを、どうぞ自分が勝ち抜くためだけに使わないでください。恵まれた環境と恵まれた能力とを、恵まれないひとびとを貶めるためにではなく、そういうひとびとを助けるために使ってください。

山下　これは、大きな反響があった上野先生の祝辞の一部ですが、入学式の会場で直接聞いた方もいらっしゃると思います。今日はこの祝辞を皆さんがどのように捉えているのかを議論することで、教育格差について考えます。

まずは、上野先生がおっしゃる「環境」とは具体的にどのようなものなのかを考えることから始めましょう。家庭背景がその後の学歴獲得に影響していることが前回までの授業でも議論されていましたが、今回は教育格差の背景として考えられる環境、例えば教育制度や学校での様子にも注目していきます。

議論のテーマ

上野先生の問いかけに対してどのように考えますか。

皆さんがこれまでに学ばれた知識や経験をもとに、上野先生が指摘される内容をより具体的に想像し、そして、どのように捉えたら良いのかを一緒に議論します。

グループディスカッションでは、ロジカル・シンキング（論理的思考）の技法の一つ「空・雨・傘」のフレームワーク（枠組み）をもとに考えます。まず「空」という箇所では、例えば空を見上げて曇っているといった「事実」を確認します。その事実を踏まえて「雨」という箇所では、雨が降ってきそうだといった「解釈」をします。その解釈をもとに「傘」の部分では、傘を持って出かけるという「行動」が必要であるといった感じで捉えていきます。つまり、このフレームワークでは、ある出来事や情報を「事実・解釈・行動」の三つに区分して捉えようとしています[2]。

いきなり「こうするべきだ」と行動の部分を議論するのではなく、「空・雨・傘」のフレームワークに基づいて、事実がどのようなものであり、その事実からどのような解釈が可能なのか、そして必要となる行動は何か、その手順で考えてみてください。

＊＊＊

奨学金の存在自体を「知らない」

ナカノ　個人的に気になったのは、収入の格差による教育格差、その中でも奨学金の難しさです。奨学金をもらうまでのプロセスが、申請が大変というより、そもそもＳＥＳ（社会経済的地位）が低い場合には奨学金の情報自体があまり届かないのでは、と。

詳しくは覚えてないですけど、東京大学でも去年、コロナ関連の補助についてのアンケートをしていました。そのとき、支援をより必要としている人たちのほうが情報を得ていないというデータを、大学がメールで共有してくださって、それが印象的で。結局、情報を得ること一つに関しても、結構収入が影響してしまっているので、ひとえに支援するといっても、その制度を必要とする人に確実に届ける方法までセットで考える必要があるかなと思いました。

ノグチ（現職教師）「必要な人に届いていない」のは、社会保障なんかも多分、同じじゃないかな。非常に深刻な問題だと思います。奨学金の場合は、そもそも大学に行きたいから奨学金が欲しいって話になるわけで、大学に行きたいと考えにくい環境の子もいるんじゃないか。義務教育段階から出てくる問題がずっと続いているのではと考えました。

山下　今話してくれたＳＥＳを背景とした情報格差（情報入手における格差）は、教科書で解説している学校選択の問題とも関連しています。日本だけではなく海外でも、子どもの学校選びに積極的な親は高ＳＥＳであることが知られています。[3] そして高ＳＥＳの親は、入学する学校の学力レベルがどれぐらいで、またどのような先生が教えているのか、そして不登校の人数などの学校の情報を集める傾向があります。その一方で、低ＳＥＳの家庭は、どこの学校も一緒だろうと捉えていて、子どもの学校選びに必ずしも積極的ではなく、入手している学校情報が少ない傾向が確認されています。[4]

それから、先ほどナカノさんがおっしゃった、支援が本当に必要な人に届いてないという問題は、ノグチさんが指摘されていた社会保障や生活保護、子どもの貧困問題にも該当します。例えば、インターネットを通じて様々な支援を知ったり、その支援を申し込めるシステムになっていたとしても、オンライン申し込みに不慣れなために申し込みができなかったというケースもあります。

たとえ支援が可能となる制度があったとしても、実際にそれを使えるような環境が整っていない場合があり、そのことを本人の努力不足の結果として捉えた場合には、ますますその人たちが社会から疎外されていってしまう可能性があります。そのような制度の欠陥や置かれている環境の困難さを踏まえて、ＳＥＳを背景とする情報格差にどのように対応していくのかを考える必要があるといえます。

ヒラノ　少し調べてみたところ、確かに義務教育段階ではないにせよ、私立高校に対して都道府県ごとに金銭的支援が行われているのですが、その年収のボーダーの位置が、東京都だと９１０万円で全額保証が出るのに対して、例えば私の出身の長野県では５９０万円となっています。私立高校の地域による学費の差を知らないのではっきりとは言えないのですが、もしかしたら自治体の財政規模によって地域格差を促進することになるのではないかと感じました。

アオキ　私も奨学金を取りやすくすることは必要だと思う一方、財政には限りがあって。全員が奨学金をそんなに高くないハードルで受け取れるのが理想的だとしても、財源を考えたときに結構厳しくなるなって思いました。

あと、奨学金とかの情報にアクセスしやすくするのもすごく必要だけど、特に義務教育とかの段階だと、子どもの意思はまだあんまりはっきりしてないじゃないですか。だから私立の給付金、お金の補助を受けるかどうかも親が決めるはずなので、根本的にはもう一歩踏み込んだ解決策が必要なのかなって。

山下　これは先ほどの情報格差の問題と類似しています。たとえ制度設計をしたとしても、意思決定を行う親によって、制度が有効に機能する場合と機能しない場合があり得るということに改めて気づかされますよね。

また、奨学金の対象者を誰にするかについては、教科書では少人数学級の実施対象の問題として議論しています。普遍主義の立場をとるのか、あるいは選別主義の立場をとるのかは、財政の問題に加えて平等あるいは公平に対する人々の意識も大きく影響を及ぼしています。

それから、教育に非常に関心の高い親の中には、子どもにとってより良い教育環境を得ようと住むところを変える場合もあります。経済学ではティブー効果（足による投票）として議論されています。教育に熱心な人々の中には、教育レベルの高い地域に引っ越しをして、より良い教育を受けさせようとするわけです。教科書では、リッチフライトやブライトフライトの概念を紹介しています。

「意欲の格差」を変える難しさ

キムラ　経済的格差は結構、社会化されず個人的な問題として扱われているのかなって思います。それを解消するためにはまず金銭的問題があるのと、もう一つは、意欲、能力、個人的な、精神的というか、意識の格差っていうのも存在し得るよなと感じました。

まず金銭的格差については、家庭の問題がそのまま再生産されて次世代へと続いてしまう点が挙げられますけど、教育にお金がかかってしまう状況が問題なんじゃないかなと思いました。そもそも教育にお金がかかる、それを解消するために奨学金を使うとしても、お金がかかってしまう状況に変わりはないと。そうした際に、じゃあ全体の配分を変えて教育にもっと資金を投入することが一つの解決策になるのかな、と。

それと、意欲における階層性の問題の論点は前回もあったのですが、その原因としてはやっぱり本人の意識が可塑《かそ》的なものとして規定されてきたことが挙げられるのかなと思います。例えば学習障害やその人の特性に合った教育がなされていないとか、環境が整っていないことを背景として意欲が十分に発揮できない場面があるのにもかかわらず、一律の教育によって一部の人間が有利になるようにできているんじゃないでしょうか。そこで、教育を多様化したり交流の場を増やすための学校間交流をしたりと、学ぶツールを多様化しつつ、例えばＹｏｕＴｕｂｅとかを用いた教育や、学校を社会の一部として取り込むなんてことが挙げられるのかなと感じました。

山下　まずＳＥＳと学習意欲に関連があることは、苅谷《かりや》剛彦《たけひこ》先生（オックスフォード大学）が「インセンティブ・ディバイド」(incentive divide) として90年代に議論しました。[5] 類似するものとして社会学では、本人の学業や地位達成の意欲である「アスピレーション」(aspiration) を高める「ワーミング・アップ」(warming up) や、逆にそれらの意識を冷却する「クーリング・アウト」(cooling out) が議論されています。[6]

次に、発達障害を背景としてやる気がないかのように評価されてしまう問題についてです。例えばＡＤＨＤ(注意欠如・多動症)の児童生徒の中には、日中の眠気が強かったり(過度の眠気：ＥＤＳ)、睡眠障害があることが明らかになっています。[7] しかしそのことが理解されていないと、授業中に寝てしまうことが怠惰であるとみなされてしまいます。従って、発達障害の子どもの特性に対する理解と共に、指摘してくださったような学びのツールの多様化も含めた、より適切な学習支援や環境調整が必要になっています。

マスダ 僕は鹿児島出身なんですけど、特に女子は大学にあまり進まない地域です。女子の進学率って、確か鹿児島県が最下位だったんですね(２０２１年のデータで確認済)。あまり言葉を選ばずに言うと、それが文化的なものとしてある程度根付いてしまっているので、やっぱりそれを変えるのは相当難しいんだろうな、と。そういったある面での「文化」もやっぱり存在して、そこをよく理解しつつ、そのうえでどうやって乗り越えていけばいいのかを考えるのはすごく難しいんだろうなと、東京や他の地域の話を聞いて感じました。

山下　確かに、目に見えている制度だけではなく、必ずしも目に見えていない、「制度」ともいえる文化や慣習が障壁になっているともいえますね。それらも上野先生が指摘されている「環境」の一種として考えられそうですね。教育格差の問題だけではなく、女性の社会進出をめぐる議論でも文化や慣習の障壁については議論されています。[8]

塾の役割と学校の関係

エンドウ　政治の世界では、塾に行けない子どもたちに金銭的な支援をという話がされたりしますが、それに若干違和感を覚えることがあって。塾っていうのは本来、学校の補助的な立場であるはずなのに、どうしてそっちに行く人に合わせるのかなって。もちろん塾がこれほど広まっている中で塾に行かせないのは現実的ではないですし、だからどうすればいいのか、自分の中で定まっていないんですが……。行っていない、行けない人に補助ではなく、本来よりメインの立場である学校にリソースを割いて、その学校内で取りこぼしを生まない策が優先されるべきなんじゃないかな、と。先ほど議論になったどうしても意欲が湧かない人も学校内で学力だけにとらわれず、より包括的な教育ができるようなシステムになっていくほうが望ましいと思います。

イシイ　これまで議論になっていた奨学金の話は、親のほうに情報が回っていないところが問題視されていますけど、塾の話は、今学校に通っている子どもたち自身に勉強のツールの情報が回っていないところに問題があるのかなと思います。

　塾に行くと、例えば進学先や勉強法に関する情報を得られるメリットがありますよね。ただ、今はこれだけネットが普及しているので、ＹｏｕＴｕｂｅとかの無料で見られるコンテンツで代替できる可能性があるのかも。本人のモチベーション次第ですが、そういう手段があることを知るだけでも、塾に通えなくても勉強に前向きに取り組める子が増えるんじゃないかな、と。

ナカジマ　進学意欲の話なんですけど、私の友達で貧困家庭の子どもに勉強を教えるボランティアをしている子がいて。そこですごく徹底されているのが、ただ勉強を教えるだけじゃなくて、勉強方法などの自分で勉強できる力を身に付けさせたり、褒めることで自己肯定感を伸ばしたりすることとみたいです。例えば、そもそも中学数学のレベルに達していない子に頑張って教えても「自分はできないんだ」ってなっちゃうだけなので、小学校レベルから始めて「できるね、できたね」という体験を積み重ねていくことを意識しているそうです。

　その理念は意欲の格差の解消に大きく貢献していると思うんですけど、それを一部のボランティアとかの努力に頼っていては限界があって。ただ、学校で同じことをやるとなると、クラス全体を教えていく中で一人ひとりに「もう一回、小学校レベルまで戻って……」とはできない。だから、私の中でまだ解決策は見つかってないです。学校ではできないし、他の機能でも、どうしても塾など有料になってしまうので、難しいなと思いました。

山下　アメリカではティーチ・フォー・アメリカ（Teach For America）というＮＰＯがあり、いわゆるトップスクールの学生や卒業生が、教育の質があまり良くない地域の学校で勉強を教える取り組みが注目されています[9]。日本でも同じような趣旨で活動しているＮＰＯが勉強支援の活動をしています。

　また、自治体によっては、学校がそのようなＮＰＯと連携して授業をしたり、学習の補助を実施しています。エンドウさんがおっしゃった学校改善を行う際に、学校単独ではなく、外部の協力を得ながら連携して取り組むことも考えるべきと思っています。

教育社会学は努力を否定する？

ナカノ　今日の議論を踏まえて、というわけではないんですけど、私がずっと教育社会学に対して思っていることがあって。東大生って努力してここにいる。東大生じゃない人も、大学に入るにあたって一人ひとりの努力がそこにはあって。

　でもいざ大学に入ってみると教育格差だったりいろんなデータ等から、自分たちがいかに恵まれた環境で、恵まれた状況下でここに来れたのかっていうのを改めて知らなきゃいけない機会が増えました。最近、努力と環境の議論をごちゃ混ぜにしている人がネットとかで多くて、君たちが合格したのは全部環境とか、なんかのおかげだ、だから君たちは努力してないみたいな、そういう文脈で物事を語ってしまっている人も中にはいるかなと思っていて。

私は教育社会学っていうのは、自分たちの努力とか一人ひとりの資質が否定されるためのものじゃなくて、むしろそういう立場に立って改めて社会問題を見直すためのアプローチなのかなと思っています。決して個人個人が今までやってきたことを否定するために、「いい環境にいたんだから努力ではない」と言っているわけでは全くない。もしみんなが「自分のおかげじゃないんだな」「なんか全然結局……」みたいに思っていたとしたら、自分の努力と教育社会学の中での教育問題をある程度区別して、アプローチとして考えていいのかな。そんなことをずっと考えていて、皆さんに共有したいなと思って言わせていただきました。

山下　上野先生の東大入学式での祝辞が話題になった際に、まさに今おっしゃってくださったことも議論されましたし、遺伝の視点も加えて議論されることもあります。ナカノさんが指摘されたように、教育社会学は皆さんの頑張りを決して軽視したり、否定しようとするものではありません。その一方で、皆さんの頑張りだけで今の大学入学が可能になっているわけではないことに気づくきっかけを、実証的に提示することを可能にしています。もし皆さんの中で、講義前は「頑張った結果＝東大合格」のように、すべては「頑張った」結果（努力）といったように捉えている方がいるのであれば、講義を通じて「頑張った結果＋環境＝東大合格」といったように、複数の視野、あるいは、努力と環境の相互作用の視点から捉えられるようになったのではないかと思います。そして、教育格差の是正が可能となるような制度や環境を考えたときに、変化させられそうなものとしてどのようなものがあるのか、その可変性がありそうなものに私たちが寄与することができれば、上野先生がおっしゃっていた「ひとびとを助ける」ということにつながるのではないでしょうか。

授業後レポート

アオキ　空、雨、傘で考えたときに、傘の部分を考えるのが最も難しかった。女性の社会的地位を変えることや奨学金の受け入れを拡大することなどを実現するための具体的方策がほとんど思いつかない。

「勉強したい、と思える環境にさえない」という話が印象的だった。自分は、少なくとも勉強がしたいと思える環境にはあったため、中学の頃、授業妨害をする同級生を疎ましいとしか思えなかったからだ。彼らの環境など、考えたことがなかったし、同じ中学に通う以上、条件は同じだと思っていた。勉強したいと思える環境をどう用意するのか。無料塾ボランティアで褒めることに力点を置くというのが効果的な方策のようだと、話を聞いてとても心を動かされたが、その資源をどうやって用意すればいいのだろうか。大学生を動員するのは一つの手だが、人数と地域の限界があるだろう。

ナカガワ　格差には２段階あるのではないかと思った。１．意識されづらい格差、２．意識される格差である。１は主に意欲の格差であり、２としては意欲が均等にあるうえでの格差を想定している。普段言及されるのは主に２の格差であり、私自身もこの授業をとる前は２の格差にしか注目していなかったが、今回教科書を読み様々な人の体験談を聞いたことで、１の格差も大きな問題だと認識することができた。前回の授業で行ったグループワークにも関連するが、自分がいかに恵まれた家庭環境だったのか、この観点からも実感した。

タケウチ　確かに僕は環境と努力を二元論で考えてしまっていたきらいがありました。努力を否定するのではなくて、今後の教育の在り方を考える学問として教育社会学に向き合いたいです。

ササキ　今回の議論を振り返ってみたときに思ったのは、私は無意識のうちに議論の対象としての「格差」という言葉に限定をかけてしまっていたのではないかということだ。「格差」という概念を「中央と地方の」とか「性別による」とか、あるいは「社会階層の間の」とかというふうに、自分が見聞したり経験した枠の中に押し込めてしまっていたような気がする。「同じ学校の、違うクラスの間での」といった文脈で格差を語ることは思ってもみなかったし、それは自分とは違った経験を持つ他者を通じて初めて視界に現れてきた。今後の議論の中で、私が「格差」という語に対してかけていた制限がますます取り払われ、より広い視界を得ることができればよいと思う。

ヒラノ　教育社会学は、個人の努力や資質を否定するものではないという指摘が心に残った。自分がいかに恵まれてきたか、主に出身地域の面でいかに恵まれてこなかったかを重視しがちになってしまっていたことに気づくことができた。自分が恵まれていたから萎縮したり、恵まれていなかったからより良い環境の人を羨むのではなく、建設的かつ主観と客観をうまく使いながら議論できるようになりたいと感じた。

シバタ　大学進学など選択肢に入れたこともないような人がいて、大学進学をしないことなど選択肢に入れたこともないような人がいて、そのような人々がそれぞれ教育を受けた後に、そのルートの「定番」である職業に就き、社会の中でそれぞれ重要な役割を担う。そういうふうに社会ができているのだと思う。大学進学を選択肢に入れたいのに入れられない人への支援が大切であることは言うまでもないが、幼い頃から大学進学を選択肢に入れないことのほうが自然な環境で育ってきたような人に対して、「大学進学を選択肢に入れることがあり得るように幼少期の教育・環境に介入すべき」とは言えないだろう。大人になってから振り返って実は分岐点が人生のかなり初期の段階にあったことに気づいても、それについてどう思うかどうかは人それぞれだ。そういう意味では何が正解なのか分からない、と感じる。ただ、全員が受ける義務教育の質を担保することと、より高い教育を受けたいと願うが何かによってそれが阻害されている人への様々な形での支援を行うことが極めて重大であることには揺るぎはない。

ノグチ（**現職教師**）　教育格差という面で見れば恵まれた環境にいる人が、弱い立場にいる人もいるのだという事実を（かわいそうなどという感情的なものではなく）客観的に認識し、自分にできることをやっていく。それができる社会が目指されるべきだと思う。

マツモト　具体的な対策への着地が議論の目標として据えられたことで、非常に興味深い具体的な議論が展開されていたように思いました。「情報入手の格差」という論点は、情報化が進んだ現代社会においてどの社会領域でも共通して見つけることができる課題ですが、教育格差の切り口から問題を見ると情報の受信者、発信者が「親」と「子」あるいは「教員」等、多元化し様々な情報格差構造がレイヤーのように積み重なっていると考えます。

　また、スマートフォンを中心とした情報ツールの普及がそのまま奨学金等の情報取得につながらない事例について考えると、それには自分の周囲に幸福へのロール（役割）モデルが十分に存在しないというガタリらの「マイノリティ」（少数派）の定義にも照らして考えることができます。自身の人生における重要な選択は、あくまでも画面越しの情報ではなく自分の周囲の人間のモデルの影響を色濃く受けるため、教科書の各章でも指摘されてきたような学校の文化的乖離、あるいはリッチフライト、ブライトフライトといった高ＳＥＳ学力層の分離、地方と都市部の経済格差の拡大が、こうしたモデルの貧困化をもたらしているようにも考えられます。この問題には、地域コミュニティの崩壊や核家族化等様々な別の問題にも対応させられるかもしれません。

1　「平成三一年度東京大学学部入学式 祝辞」(https://www.u-tokyo.ac.jp/ja/about/president/b_message31_03.html: 最終閲覧日：2021/10/10)

2　勝間和代（二〇〇八）『勝間和代のビジネス頭を創る7つのフレームワーク力：ビジネス思考法の基本と実践』ディスカヴァー・トゥエンティワン。

3 山下絢（二〇二一）『学校選択制の政策評価：教育における選択と競争の魅惑』勁草書房。

4 Corcoran, Sean P. and Jennifer L. Jennings. 2019. "Information and School Choice," In *Handbook of Research on School Choice (2nd edition)*, Berends, M., Primus, A., & Springer, M. eds., New York: Routledge. pp.365-378.

5 苅谷剛彦（二〇〇一）『階層化日本と教育危機：不平等再生産から意欲格差社会へ』有信堂高文社。

6 本田由紀（二〇〇五）『多元化する「能力」と日本社会：ハイパーメリトクラシー化のなかで』ＮＴＴ出版。及び中村高康（二〇一八）『暴走する能力主義：教育と現代社会の病理』ちくま新書。

7 Bioulac S, Taillard J, Philip P, Sagaspe P., 2020, "Excessive Daytime Sleepiness Measurements in Children With Attention Deficit Hyperactivity Disorder," *Front in Psychiatry*, Vol.11, No.3, pp.1-10.

8 山口一男（二〇〇七）『働き方の男女不平等：理論と実証分析』日本経済新聞出版。

9 Kopp, Wendy and Steven. Farr, 2011, *A Chance to Make History: What Works and What Doesn't in Providing an Excellent Education for All*. New York, PublicAffairs. 松本裕訳『世界を変える教室：ティーチ・フォー・アメリカの革命』英治出版、二〇一二年。

【第4講】教師にできることを考える

金子真理子（東京学芸大学）

＊教科書第6章　教師は社会的存在である

リターン意識と知的好奇心・探究心

金子　教育格差って、なぜなくならないのでしょう？　教育拡大による高学歴化が進んでも、家庭のＳＥＳ（社会経済的地位）による教育格差はなぜ持続するのか。この問いに関連して、中村高康先生は家庭の差異化戦略について次のように書いています。

> **恵まれた社会階層の人たちは、みんなが教育機会を享受するようになると、より一段上のレベルの教育に投資しはじめるという、いたちごっこのようなメカニズムがあります**[1]

同時に、じゃあ学校のほうはどうなのか。学校もより一段上のレベルの教育を行っていると人々に認知されることが、学校の評判や、私学であれば経営の安定化にもつながります。つまり、この「いたちごっこのようなメカニズム」はより一段上のレベルの教育をめぐる家庭と学校、それぞれの思惑による差異化戦略の結果として維持されてきたといえるでしょう。

それでは、教育格差を縮小するにはどうしたらよいでしょうか。このようなメカニズムが働いているとしたら、どういうふうに縮小できますか？　果たして、問題は家庭と学校の差異化戦略にあるのでしょうか。しかし、たとえいたちごっこをやめるよう家庭に働きかけてみたとしても、わが子の差異化戦略を諦めることはできないって言われそうですよね。一方で、学校がより一段上のレベルの教育を目指して差異化や多様化の戦略を展開することは、近年の教育改革が目指してきたことでもあります。ですから、家庭と学校の差異化戦略を一概に否定することは難しいということが見えてきます。問題は、この「より一段上のレベルの教育」を受けられる人が、恵まれた階層の人たちに偏っているという機会の不平等にあると思います。さあ、どうしましょう。

ここでちょっと視点を変えて、放送中のテレビドラマの話をしたいと思います。『二月の勝者』という漫画が原作のドラマです。第１話の中の、中学受験向けの進学塾に勤務する主人公の黒木先生の言葉を紹介します。

スポーツや芸術、音楽など、才能がものを言う分野は本当に厳しい。それに比べて勉強は格段に努力のリターンが得やすい。

この言葉は、（塾のテストで）偏差値40の息子に塾をやめさせてサッカーを頑張らせたい親の心を揺さぶりました。

黒木先生のいう「リターン意識」が一つの手段だったとして、競争に勝ち上がるという結果だけではなく、勉強しているうちに知的好奇心や探究心も得られる可能性がある。もっとも、恵まれた階層の人たちは幼い頃からの家庭環境などの中で、すでに知的好奇心や探究心を獲得しているのかもしれません。

黒木先生は受験競争に特化することを塾の役割としたうえで、リターン意識を持っていない層にそれを自覚させる戦略をとりました。塾はあえて手段の目的化、「二月の勝者」を目的にしているわけです。ただし、「副産物」の知的好奇心や探究心を、語りはしないけど、存在を知っているはずです。

皆さん、どう思います？　今、リターン意識を持っていない層と述べましたが、サッカーを一生懸命やってきた少年の答案を見て、黒木先生はこうも言っています。「この答案は解こうと粘ったのがよく分かる答案です。スポーツか何か長い期間取り組んできたものがあるんでしょう。粘って頑張った経験がある人は受験でも強いですよ」って、さりげなく子どもに言うんです。で、子どもはすごく嬉しくなる。黒木先生は勉強以外の世界も認めているんですよね。でも、このリターン意識に関して言えば、プロのスポーツ選手になる確率はすごく低い、それだったら勉強を頑張ったほうが有名私立中に行ける可能性が高いよ、と。

　さて、以上は塾を舞台にしたドラマのエピソードでしたが、次に大学という場を考えてみましょう。前回の第3講冒頭でも紹介された東大入学式の上野千鶴子先生の祝辞。これは「勝者」への問題提起を含み、大学の役割を考えさせるものでした。先ほど、塾はあえて「手段の目的化」をしていると話しましたが、ずっとそのままでいいのか。「勝者」になった東大生たちに、それをあなたたちはどう使うんですかと問いかけています。

議論のテーマ

教育格差の縮小のため、教師には何ができるでしょうか。

　それでは、学校の教師には何ができるか、できること・できないこと、すべきこと・すべきでないことについて考えてみましょう。イメージしやすくするために、教師の教育行為の構造を図式化してみました（次ページ図）。冒頭で話した、家庭と学校の「一段上の教育」をめぐる差異化戦略。この二つの圧力が、学校現場の中に働いている。その真ん中に教師の教育行為があります。そこには当然、教師の他に、学力も意欲も環境も異なる子どもたちがいる。この子

教師の教育行為の構造

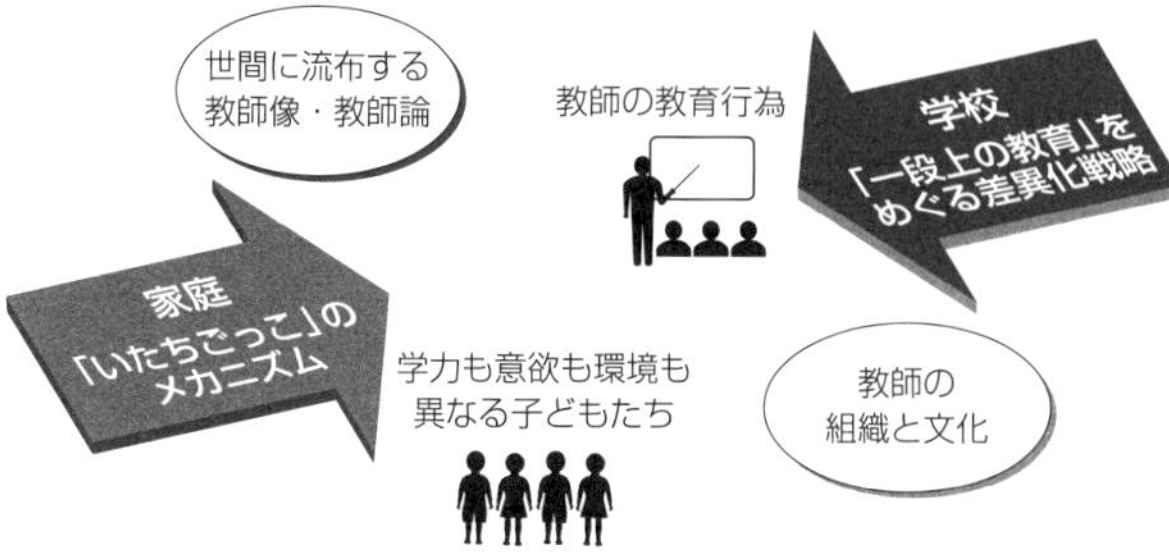

たちを取りこぼさないことも大事ですよね。さあ、この圧力の中で教師には何ができるのか。

加えて、世間に流布する教師像・教師論もあります。教師はこうあるべきだとか、いろんな期待。それから教師という仕事の組織と文化もある。学校がどういう場なのかを考えると、進学塾や大学との違いも見えてきます。

この図式の肝は、学校＝教師個人ではないところです。教師が学校制度の門番のように振る舞えたらまだ簡単なんだけど、そうじゃない。だから教師は悩むわけです。

まとめとして、陣内《じんのうち》靖彦《やすひこ》名誉教授（東京学芸大学）の言葉を引用します。

> 教師の営みは、学校、教室、児童・生徒などの現実と、世間に流布する教師論、教師像という虚像との間、いわば「虚実皮膜」の相で演じられる曲芸のようなものかもしれない[2]

一方、学校は意図せざるところで、あるいは意図に反して機会の不平等の温存に加担してきた側面があります。私たちが良かれ当たり前と思っている日常的な教育行為を社会学的な視点から相対化してみると、議論がしやすいでしょう。

＊＊＊

日常的な教育行為を見つめ直す

ナカノ　Ｓｌａｃｋのみんなの書き込みの中で印象的だった意見を二つ、紹介します。

まずナカジマさんが書き込んだ「授業中の課題などで『終わった人から持ってきて』というやり方があまり良くないんじゃないか」に関しては、私も同感です。あれって、教室の雰囲気を悪化させちゃっているなと改めて思って。早い人はどんどん早くなって、やるところがなくてつまらない雰囲気が出ちゃうし、遅れている人は早い人たちの足を引っ張ってしまって、かつ授業時間外での勉強が発生して、いろんな意味でクラス内の格差が浮き彫りになる機会ですよね。

もう一つすごくいいなって思ったのが、タナカさんの「先生が言ったことが生徒の中で内面化されちゃう」という意見でした。先生って、特に小学校とかにおいては多かれ少なかれすごい神格化される存在ですよね。先生が言ったことがもうすべてで、正解みたいに映るのは機能としてあるかなって。だから、例えば成績表にある思いやりとか協調性とか団結力、リーダーシップとかの項目で丸がついていないものに関して、自分はその能力を持ってないんだなと思っちゃうところがある。

　もちろん、こうした評価によって「自分にはこういう性質があるんだ」って気づける場合もあれば、それが結構ネガティブな影響をもたらす可能性もあるかな、と。教師は子ども、生徒に対して何か特定の性格、「君はこういう人だよね」みたいなものを提示するときに、それが悪いわけじゃないけれど、注意深く生徒のことを見る必要があるんだなって、二人の書き込みを見て思いました。

金子　「終わった人から持ってきて」は、みんな使っちゃっていますよね、「自然」に。日常的に当たり前のように使っている方法が実はどういう場をつくっていたのか、気づかないことはいっぱいあるはずです。なるほど、「自分はできないんだ、遅いんだ」って気持ちを植えつけているかもしれません。中村先生の授業で議論になった習熟度別指導とかをあえてやっていなくても、教師の行為一つでそういう印象を与え得るということですよね。

　あと教師の言葉が内面化される、神格化の問題はどうですかね。逆に、先生の言っていることを全然神格化してなかった人もいるかもしれないし。子どもの間でどのような分布があるのか気になります。

ナカジマ　私がさっきの「終わった人から出す」を書いたんですけど、私は教師が教育格差をなくすのは難しいと思っています。補習とかをするにしても限度があるし、一人ひとりの家庭の背景を見ると限界があって。

　で、どうしたらいいのかなって考えたときに、やっぱり勉強が苦手な人のモチベーションを切らさないことじゃないでしょうか。そういう人って学校で自信を失っていたり、勉強についていけないから学校からドロップアウトしたりすることが多いと感じていて。

　勉強だけしたいなら塾とかもあるけど、学校ってやっぱり勉強するだけじゃなくて、他にもコミュニティを形成したり、いろんな役割があると思うので。勉強ができなくても自信を失わずに毎日楽しいと思えるような学校をつくっていくのが、教師のできることなのかなと思いました。

金子　不登校とか学校に行かない選択肢もある、けれども学校に行きたいって思わせる学校。まずは学校に来て楽しめる場所をつくるってことですよね。それも教師の役割の一つ。

　ちなみに、さっきの「終わった人から持ってきて」による進度の違いは、どんなふうにして解決できますか？

ナカジマ　例えばグループで取り組ませたら、みんなが助け合えますけど、結局はできる人が一人でやっちゃうかもしれないです。

金子　そうなんですよね。例えば調理実習でも、包丁を使ってカカカッて切ったり、フライパンでジューッってやっている人もいる一方、洗いものばかりしている子がいる。おいしい料理ができたとしても、そういうことは結局起こりがちです。

例えば早く終わった人が分からなかった子に教えるのはどうでしょうか。学び合い、教え合いの文化が育っているところでは学力の底上げができている、と志《し》水《みず》宏《こう》吉《きち》教授（大阪大学）の研究グループが指摘しています。[3] ただこれも、教えられている子どもが本当はどういう思いをしているかまでは分からない。その学級の雰囲気にもよりますね。

それにしても、この「終わった人から持ってきて」は言っちゃう可能性がすごく高い言葉ですね。悪気なく、当たり前のようにというのがポイントです。良かれと思ってやっていることの中身を疑うのが大事です。

リターン意識を持つべきか

ヒラノ　一気に議論が変わってしまうのですが、疑問点が二つあります。

まず、いたちごっこの話についてです。「より上の子がより良い教育を受けることが果たして悪いことなのか」に関して疑問に感じました。例えばみんなが同じ教育を受けたとして、その中できっと理解度に差が出てきます。今、低学力の子に関しては、それをすくい上げようという話がよく聞かれますが、高学力の子も自分に適した教育を受けられていないのは同じわけですよね。自らの教育の権利を完全に活かし切れているとは言えない。その際に、そういった上の学力の子に対してより良い教育を施すことが果たして教育格差にあたるのかどうか、容認すべき格差ではないのかとも感じました。

（ｓｌａｃｋの）書き込みにあった「リターン意識を持たない子にリターン意識を持たせることは、果たして善であるか悪であるか」といった意見にも共感しています。例えば高等教育がすべて無償化されて、生活が苦しい子にはその生活費まで出しますといった形式的な平等が実現したとして、それでも高等教育に進まずに就職したいと考える子に対して、進学を勧めることは果たして善なのか。

　ただこれを、その子が学力を重視してないから学力を伸ばす必要はないといった話にすると、格差の拡大自体には歯止めをかけられなくなってしまいます。目指すべき格差の縮小とは形式的にすべての人に対して門戸が開かれた平等であるのか、それとも実質的にすべての人が同じように大学進学などのさらなる高等教育を求める実質的平等なのか、について疑問を感じました。

金子　まず、容認すべき格差についてですね。実際に学校でも多様化だとかの路線で教育改革が進んでいて、それをどう選ぶのかについては、家庭と学校の両方が差異化戦略をしているのが現状だと思います。（学習指導要領があるにしても実質的にすべての学校で）全く同じカリキュラムで教育を受けられるわけではないですし、多様性を否定はできないでしょう。また、家庭とは、干渉されたくないものだし、縛れないものなんですよ。

　是非はともかく、こうした差異化戦略があるということ自体は意識する必要はあって、教育拡大、高学歴化が進んで大学全入時代っていわれる今も、どの「一段上」に行くかで進路がかわってきます。ただ、問題は偏りがあることですよね。他章にもあるように、社会階層、地域、性別などの「生まれ」によって差があることをどう捉えるかですよね。この問題をどう評価するかが一番大事かなと思います。さらに言うなら、「結果の平等」どころか、「機会の平等」も実現されていないのが現状ではないでしょうか。

　一点目はこんな感じでよろしいですか？

ヒラノ　はい。ありがとうございます。

金子　「リターン意識を持たない子に持たせることが善か悪か」は、どうですかね。リターン意識そのものが目的ではないですよね。例に挙げた『二月の勝者』では、あるお父さんが、6年生の時期はサッカーを頑張ったほうがいいと言っている。子どもは正直そこまではないんだけど、親の期待を感じてもうやる状態になっていて、塾も入るんだけど偏差値が40で、「うちの子はすごい平凡だからもう勉強は、塾はやめる」って話になったんですよ。そうしたら主人公の黒木先生が「プロのサッカー選手になれる割合ってどれぐらいだと思います？」って問いかける。

でも、それって別にリターン意識が目的ではない。塾講師の視点からは問いかけているけれど、子どもは違う。皆さんがどういうつもりで勉強したかは分かりませんが、「努力のリターンが大きいから勉強している」子どもなんて、ほとんどいないんじゃないですか。

ただ、親は無意識のうちにリターン意識を計算している可能性がありますよね。スポーツ選手になりたいと望む子どもに「頑張れ」と言う親もいるし、「いやいや、君の実力は平凡で、なれる可能性は低いから、とりあえず勉強しとけよ」って場合もある。どちらも、一種のリターン意識はあるんじゃないでしょうか。

で、そのリターン意識を持たせることが善か悪か。前回の授業で取り上げていた上野千鶴子先生の祝辞は、多分、それだけで勝ち上がってきた人には何かが欠けているっていう意味合いでした。競争に勝ち上がってきたその恵まれた環境と知識・能力をどう使うんですかってことを問いかけたわけだから。

皆さんの中にはリターン意識なんか考えなくて、楽しいから勉強して東大に入った人もいるかもしれません。苦しい勉強を頑張って入った人もいれば、楽しいから普通にやってたら入っちゃったみたいな人もいて。後者の人は別にいらないですよね、リターン意識なんて。でも、そんな人ばかりじゃないから、まずはリターン意識を使って勉強させてみるのも手なわけです。リターン意識の有無に関係なく、勉強したことは無意味ではなくて、例えばそこで知的好奇心や知的探究の方法も一緒に身につけているとすれば、いずれにしても大きな副産物を得ていることになります。

　子どもがリターン意識を持つべきだとも思いませんが、親の間ではそこにも格差があるってことですね。リターン意識という概念では捉えていなくても、その使い方を含めてどのような差があるのかを考えてみてください。

学校は何を育てる場なのか

キムラ　議論を整理したくて考えたのが、学力としての教育と人間性の涵養《かんよう》としての教育という分類です。自分の人生を左右する資質面と、例えば教養など学力以外の面という二つの教育を、学校という一つの場に混在させているのが問題なのかな、と。二つの教育の矢印が学校に押し付けられていて、学力を目指すような授業と、道徳っていう言い方はあんまり好きじゃないんですけど、人間性の涵養につながる授業が併存している。

前者の学力差を生み出す授業と、後者のすべての人にとって平等に受けられる学活的な授業で、評価を含めて分けるのはどうでしょうか。学力による序列は進学に向けた意味では肯定し得るかもしれないですが、それとは別に教養的な側面のある授業を分ければ、生徒の特性に合わせた授業を展開できる。

金子　学校という場の難しさは、塾とも違う、大学とも違うところにあります。一定の認知的能力を育てる場であると同時に、非認知的能力だったり、生活面の指導や集団生活への適応も行う場じゃないですか。キムラさんが人間性の涵養と表現したようなことですね。これを学力外、つまり教科以外のものでやる方法もあるんですけど、実は教科の中でもできるんじゃないかな。単に知識を測るものではなく、問うべき問いをちゃんと問えるような授業であれば、みんなが参加する意味を見出せる授業内容であれば、それはもしかしたら差を生み出すものではないのかもしれない。

キムラ　教科の中でもできるというのは、なるほどと思いました。それは少人数制じゃないと難しいですね、ＩＣＴ（情報通信技術）や民間の活用も含めて。

マスダ　僕がさっきの「リターン意識を持たせることの善悪」について書き込んだんですけど、意図としては、例えば親とかが「勉強にはそんな価値なんてないし、高卒で働いたらいいんじゃない？」みたいな家庭に対して、学校の先生は何ができるのか、何か干渉するのがいいことなのかすごい疑問でコメントしました。

そういう人の選好の根っこに関わることを変えるのはかなり難しいと思います。ここにいる人は大学でこうやって勉強することに価値があると考えるから来ていますけど、その人に対して「大学の勉強に価値はないから大学やめろ」と言うのと同じくらい、価値観の転換を図られるんだろうな、と。そんなに大きなことを学校、先生がやるべきなのか。

一方でそれに近いことをやらないと、差はそりゃあ開いていくよねっていう。特に上位層に「やりたい人はどんどんやらせましょう」ってなると、格差という面では開いちゃうよねって。

金子　イギリスの社会学者のポール・ウィリスが *Learning to Labour* という本を書いています。邦訳が『ハマータウンの野郎ども』でして、労働階級の子弟たちが、上昇志向の人たちや勉強をコツコツやっている人たちをどう思っているのかが表現されているんですね。先生の言うことを聞いて勉強している人たちを「耳穴っ子」と呼んで、逆にバカにしている。例えばリンゴが木箱で届いても、その箱さえ開けられないような奴らって見ている。一方で自分たちは楽しむことや人生を知っているんだという。こうして意気揚々と、高卒で手労働の社会に入っていく人たちが描かれていきます。学校にはそういうふうに、知の無意味さとかを思わせてしまう側面もあるんです。

その人たちをどうするか。教師も色々働きかけるんだけれども、全部はね返される。ハマータウンの野郎どもには全部逆転される。学校教育の空々しさとか虚しさとか、全部が論破されていくような場面が描かれています。学校はただ自分たちのやり方で決められたことをそつなくこなしているだけさって親も思っていて。ウィリスは、そうした親たちの学校不信はあながち的外れではないと捉えていて、次のように書いています。

道義上の権威を信じて学校をきりまわす、その確固たるやりかたが、世俗の混乱と妥協を身に帯び、なお抵抗の気がまえを隠し持っている労働階級の文化からすれば、やはりまったく空々しいのである[4]

つまり、子どもや親にそう思わせてしまう学校にだって、変わらなければならないところがあるんです。

余白のない学校?

サカイ　特に人間性の教育を学校で扱うべきなのかどうかに関して、私は学校以外の場を紹介するとか、もっと（外部との）連携を深めるとか、教師以外に委託する形でもいいのでは、と思います。教師の長時間労働の問題も理由なんですけど、学校の雰囲気とか先生とか人間関係が、馬が合わなくて嫌いな子どもも一定数いますよね。そういう子を学校にどんどん包摂していくのがよいことかと考えたときに、学校でも家でもないサードプレイスみたいなところがあれば、そこを紹介することで子どもたちを補助できるのかなと思いました。

金子　部活動に関しては山本先生（第11講）が扱ってくれます。あと学校行事が子どもにとってどういう意味があるのかも、気になるところですね。

最初のほうに、勉強が苦手な人も楽しめる場があったほうがいいという旨の意見がありましたよね。学校って、勉強だけしたい子ばかりが集まってきているわけではないじゃないですか。いろんな子たちをどう包摂していくのか。課外活動が続いている理由もそういうところなのかなと考えています。

あとはレク。学校では死語になってる？　そんなことない？　学校においてレクっていう言葉、昔は結構言われたんですね。遊びを取り入れて学校を楽しい場にしようというような活動。ところがその言葉自体があまり使われなくなったとすれば、行事も学校化したのかもしれません。

私が高１のときにいた学校の話なんですけど、体育祭が夜遅くまであって、夕方に騎馬戦があった。音楽がかかって、照明の光のなか大将がボロボロのＴシャツとか着て、戦国武将みたいな雰囲気で出てきて。１年生からすれば、もう３年生の大将が異様に格好良く見えてね。その後はキャンプファイヤーをやって、フォークダンス。何だか学校的ではなかったんです。

それが最近聞くと、規制が色々あって、まるで運動記録会みたいになっていたり、文化祭も有志の団体は駄目で、正式な部活動しか参加できないとか。子ども主導のレク的な要素があまり重要視されなくなってきているのかもしれません。一方、勉強だけしていればそれでさっぱりというか、人間関係も踏み込まなくていいのかもしれない。そこら辺は、調べてみないと分からないですね。

サカイ　修学旅行が研修旅行に変わっていくのも、似た話かなと思いました。

ササキ　「人間性の涵養」の話と関わってくるのですが、部活動で人間性を育てたり、あるいは生徒指導で生徒の社会適応を図ったりすることは、格差の縮小にはあまり効果を発揮しないかもしれないですけど、格差の拡大を防ぐ点では重要かなと思いました。

なぜなら、やっぱり社会に適応できていれば犯罪とかに走るリスクも少なくなるでしょうし、そうすれば経済的に落ちぶれて子どもが教育的にあまりよくない状況に陥ることにもつながりにくいはずだからです。格差縮小が今日のテーマですけど、格差を拡大させないのが縮小に向けてできる最低限のことなのかな、と。その点では、部活動や生徒指導にしっかりフォーカスする必要があると思いました。

金子　学校は生徒の社会適応を図るだけでなく、主権者を育てているという意識も忘れてはいけないのではないでしょうか。一方で中学校の教師が部活動に追われ土日も働いて、授業を考える時間を奪う現状が社会問題化していて、外部委託する流れもあります（休日は２０２３年度以降、段階的に「地域移行」）。そこのバランスを考えたうえでの意思決定が必要ですね。格差の縮小は難しくても拡大を防ぐ機能が学校にはあるんじゃないか、という論点は重要です。学校がセーフティネットみたいになっているのはどんな要素で、どこをなくしちゃいけないのか、考えていきましょう。

授業後レポート

シミズ　教師という職業の様々な側面が見えて面白かったです。教師はある種公的なサービスを提供する存在として一律的な授業を行う必要がある反面、一人ひとりの個性や悩みに向き合ってその学力や資質を伸ばしていかなければならないと考えると、やはり一人で両方やるというのはなかなかに大変なものがあるのかなと思います。少人数学級を推進し、子どもたちへのサポートを行う人材を増やすことで、先生の負担を減らしたり子どもたちの能力を伸ばし課題を解決する役割分担を進めたりする必要があるのかなと考えました。

タケウチ　学力上位の子に対してプラスアルファの教育を施すことが教育格差を拡大させるから悪なのか、という指摘が印象的だった。確かにこういう教育がなかったら自分は東大にいられなかったかもしれない。ちなみに自分は問題が早く終わったときは先生が全員に配ってくれる追加プリントをやっていました。あれなら「終わった人から持ってきて」とは違って、みんなが恥ずかしい思いもせず自分の成長に合わせて頑張れたので、いいやり方でした。

　自分の小中時代を思い出して感じたのは、勉強ができる子に対しても無差別に褒めるのはやめてあげてほしいことです。自分は勉強ができるから明らかに贔屓されていましたが、あのときはもっと勉強以外のことで自分を他の子と同様に扱ってほしかったです。逆に恩師だと思っている先生は自分のことを一切贔屓しなかったです。勉強ができない子に寄り添うだけではなくて勉強ができる子に対しても勉強以外の価値観・尺度で接してあげてほしいです。そうすればその子の人間性を豊かにするだろうし、「学歴厨《がくれきちゅう》」的な人間になることを防げるだろうと思います。教育格差縮小にすぐに結びつく類いのものではないですが、それこそ学校は勉強だけでなく「価値観」を育てる場だと思うので、勉強と人間性を区別する教師の姿勢は生徒に好影響を与えると思います。

オガワ　教師にできることを考えたときに、小学校のときに理科を教えていただいた教頭先生のことを思い出した。先生はとにかく楽しい授業をしてくださり、また生徒と本当に親身に関わってくださった。授業では教室でモンシロチョウの幼虫を放し飼いにしたり、ドライアイスを使ってアイスをつくったりとほとんど遊びのような感じであったが、生徒はみんな夢中で楽しんでいた。また、休み時間には一緒に校庭に出て遊んでくれた。今振り返ると一見教科書の内容がきちんと身に付くのか疑わしい感じがするが、当時のクラスメイトはそんな授業のおかげで理科が大好きになり、理科の勉強も頑張るようになっていったと記憶している。特に印象に残っているのは、ＳＥＳがあまり高くなく勉強への苦手意識が強かったある級友が、学力テストのときに「頑張るから１００点取れたらパーティーしてよ」と先生に言っていたことだ。これは生徒の知的好奇心を高めることで、リターン意識を介在させずに、勉強へと向かわせられるようになった良い例であると思う。

　この経験から私は教師にできることは、生徒が学校の授業を安心して楽しく受けられるようにすることであると考えた。具体的には楽しい授業を計画する、積極的に生徒と関わって相談しやすい雰囲気をつくる、家庭環境が厳しい生徒を支援機関とつなぐ、学校内での生活習慣を指導して荒れない学校をつくるといったことである。これらによって生徒の家庭背景や学習意欲にかかわらず最低限授業の内容を身に付けることができると思うからだ。また就学前から存在する勉強への意欲を、高い生徒を引き下げるのではなく低い生徒を押し上げることによって縮められる。ただし前述した理科の先生の実践は、少人数の小学校であったことや受験勉強的な授業を望む保護者が少ない地域であったことなどの要因によって可能だったのかもしれない。

その意味でこの実践を絶対化してはいけないとも思った。

タカギ　今回の授業を踏まえて「教師一人にできることはわずかしかないけれど、そのわずかにできることは子ども一人ひとりに大きな役割を果たす以上、教師が子ども一人ひとりに向き合えるようにする、という共通目標のもとに各方面で環境整備を進めていくべきだ」という考えを持ちました。家よりも長い時間を過ごす学校、そこにいる「教師」という大人は、生徒にとって授業をしてくれる先生であると同時に、近くで自分のことを見てくれている人であり、叱ったり励ましたりしてくれる人です。教師から見れば一人の生徒は多数のうちの一人ですが、生徒から見れば教師、特に担任は唯一の存在といえます。生徒は教師の言動に表れる概念・思考を内面化するのであり、その意味で教師は子どもの発達に大きな影響を与えます。その責任を正しく受け入れられている教師が少ないように思います。重く受け止めすぎて何をすれば分からないか、反対に見ないふりをしているかに大別されるのではないでしょうか。

教職に（少なくとも普遍的な）正解はないと思います。生徒一人ひとりにはそれぞれが必要とする大人の種類があるのでしょう。教師がすべきことの中で最も重要なのは「目の前の生徒は何を必要としているのかを常に探ること」です。授業で「個別最適化と格差是正のジレンマ」的な議論がありました。格差は広がってはいけない、かといって優秀な生徒の可能性の芽を摘んでしまうことは教育の本願に叶わないのではないでしょうか。もちろん底上げを優先させるべきですが、すべての生徒に上述したような姿勢を持つべきです。

エンドウ　認知的学力も大事にしながら、学力主義に陥らないようにするにはどうすれば良いのか。私は、授業の中でも人間性は養えるということに共感する。早く終わったら友人を助ける、授業中のどんな発言も尊重される、課題に取り組み達成感を得る、こうした積み重ねはきっと人格形成に役立つはずだ。そのためにも、教師は授業中・授業外の態度に注意が必要なのだろう。学力上位層も下位層も受け入れられ、認められているのか。それでもなお、学力向上の機会を与えられているのか。教師の些細な言動が児童生徒に深く影響することもあるが故に、難しい対応を迫られるのだろう。

一方で、学校の外に第三の居場所があるべきだという議論にははっとさせられた。現在でも不登校など学校の価値観にそぐわない人は一定数存在する。そういう人にとって、学力主義に陥っていなかったとしても学校という場に縛りつけることは本当に良いことなのだろうか。第三の居場所を求めるニーズに学校はどう向き合うのか。例えば、不登校の生徒がフリースクールに通うと言い出したとき、学校や教師はそれを歓迎すべきか、学校復帰をあくまで支援すべきか、どうなのだろうか。

教師の負担の議論もあった。包括的な学校を目指そうとすればするほど教師の負担は増える。すべての教師が取り組みに献身的になれるとは限らない。この無境界性の課題を克服するにはどうすればいいのか。教師が境界なく子どもたちを見ているからこそできる教育もある。教員数を増やすのが良いのだろうか。別の対策があるのだろうか。考えれば考えるほど、学校のあるべき姿が分からなくなってくる。

ナカノ　今回の授業を通じて、先生という立場がいかに子どもに対して大きな影響力を持っているか改めて実感しました。そして、「先生」は必ずしも一人の人間としてのパーソナリティを反映したものではなく、「先生」という社会的立場を内面化して生徒と接しているんだなと議論を通じて理解しました。こうした絶対的存在としての先生は、一つひとつの些細な発言でも生徒に影響を与える可能性があります。「終わった人から持ってきて」という授業の円滑化のための手段や、生徒一人ひとりの把握のための人間性の割り当てのような行為は、教師が思っている以上に生徒の考え方を狭めたりしてしまっていると考えました。「先生」という絶対的な立場を超えて、生徒一人ひとりと対話していく姿勢を見せることが重要なのではないか。生徒全員の学習状況や生活態度に一元的な評価を加える存在としてではなく、むしろそれらを受け入れ、一緒に良い方向に持っていく人物としての社会的存在となれば理想的です（非常に難しいとは思いますが……)。

1 中村高康（二〇二一）「教育は格差を解消できるか?」『月刊高校教育』２０２１年５月号、p.73

2 陣内靖彦（二〇〇五）「教師の地位と役割」岩内亮一・陣内靖彦編『学校と社会』学文社、p.137

3 志水宏吉（二〇〇五）『学力を育てる』岩波書店

4 Willis, P.1977 *Learning to Labour; How Working Class Kids Get Working Class Jobs*（熊沢誠・山田潤訳、1996『ハマータウンの野郎ども―学校への反抗、労働への順応―』筑摩書房）p.188

映像資料

日本テレビ・土曜ドラマ「二月の勝者―絶対合格の教室―」第１話、２０２１年10月16日放送。

（原作漫画：高瀬志保〈二〇一八〉『二月の勝者―絶対合格の教室―』第１巻、小学館）

【第5講】他者の困難を想像する　山田哲也（一橋大学）・藤本啓寛（早稲田大学）

＊教科書第7章　保護者・子どもの言動の背後にあるものを見据える
コラム1　スクールソーシャルワーカーと協働して教育格差に向き合おう

「他者の合理性」とは何か

山田　教科書の第7章を執筆した山田哲也です。

藤本　コラム1の執筆者の藤本啓寛と申します。よろしくお願いします。

山田　第7章のキーワードの一つが、「他者の合理性」です。教科書第Ⅰ部（第1章〜第6章）でも自分の経験から距離を取って、ちょっと違う立場の人たちのことを考えていこうということが何度も確認されてきました。また、第7章以降の各章でも、様々なポイントからそういった他者の合理性について考えていく議論が展開されますので、第Ⅰ部から第Ⅱ部への橋渡しを兼ねて、このキーワードについて少し補足をします。

「他者の合理性」という言葉は、社会学者の岸政彦さんたちが書いた『質的社会調査の方法』という教科書の中で紹介されています。

> **私たちにはあまり縁のない人びとの、一見すると不合理な行為選択の背後にある合理性やもっともな理由のことを、ここでは「他者の合理性」という言葉で表現したいと思います。社会学、特に質的調査にもとづく社会学の、もっとも重要な目的は、私たちとは縁のない人びとの、「一見すると」不合理な行為の背後にある「他者の合理性」を、誰にもわかるかたちで記述し、説明し解釈することにあります**[1]

一見すると合理的ではない行為も、よく考えてみると、もっともな理由、それなりのロジックが一貫してあったりする。それを誰にでも分かる形で記述することが、岸さんたちによれば、事例を通じて物事を考えていくという質的調査というアプローチの中で大切にされていることなんだ、と。これは社会学一般の目的の一つでもあります。

第４講で金子先生から『ハマータウンの野郎ども』[2]への言及がありました。岸さんたちは「他者の合理性」というキーワードを紹介した後に、やっぱりこの本に言及しているんです。労働者階級出身のいわゆる不良少年たちが、学校の勉強なんかやっていられるかということで、学校のフォーマルな活動にことごとく反発をしていく。卒業式は前日にパブで飲み明かして、酔っ払った状態で学校にやって来て追い出される、それが俺たちの卒業式だ、みたいなシーンも出てきます。第三者から見ると、彼らはすごく不利に思えるライフコースを選んでいます。

学校の勉強はなるべくさぼって反発をして、そうすると学歴を取得してホワイトカラーの仕事に就くという選択がなかなかできなくなって、両親、特に父親と同じように、工場の労働者としてきつい、危険な労働に従事していく。外から見ると、何でわざわざそんな不利な道を選ぶんだと思えるかもしれないけど、その背後には合理的な判断がある。それは、父親たちの様子を見ていて、肉体労働に従事することも悪くないと感じる。あるいは、教師の言うことを聞いて一生懸命頑張れば将来が広がるというのは嘘なんだと思ったり。確かに一部の人には将来があるかもしれないけど、結局は競争とか選別のプロセスが働く場合、全員が薔薇《ばら》色《いろ》なんてあり得ない。だったら早くから見切りをつけて、工場でタフに働く親世代のように、早くから働いて自立していくほうがましだと考えるわけです。それ以外にも様々な背景をウィリスは丹念に記述していますが、それを別の言葉に置き換えると、他者の合理性を記述する社会学的な探究なんだ、と。

　こうやって今、私がダイジェスト的に『ハマータウンの野郎ども』の合理性について補足しましたが、説明されると、それなりに理解できる部分もありませんか？　何で自分と全く違う背景を持つ他人のことを説明されると「分かる」ことができるのでしょうか。

　その理由を端的に言うと、僕らが同じ社会を生きているからです。岸さんはよく「行為選択の背後にある合理性」という言い方をします。行為には複数の選択可能性がある。今、講義を受けている人も、もう離脱して、抜けて違うことをすることもできる。私も、あとは藤本さんにお任せして、もう疲れたから飲みに行くということもできます。つまり、私たちはいろんな選択の可能性を持ちながら日々を生きている。

そのときに、同じ社会を生きていることは何を意味するか。潜在的な（まだ選ばれていない）行為の選択肢を用意する構造というか状況というものが社会には存在します。それは、一人ひとりの好みとは相対的に切り離された形で、あらかじめ枠付けられている。その中で私も皆さんも行為し、社会の中を生きているわけです。一見すると不合理に見える行為選択の背景にあるロジックを説明されて「なるほど、そうか」となるのは、私たちにも彼らとある種の共通点や類似性を持つからです。確かに同じではないけれど、似たようなことを考えながら私たちは行為を選んでいる。それが実感できる。たとえ、安易な理解を拒むような状況があったとしても、丹念にその背景を説明されると、「確かに自分も同じ状況だったら同じことをするだろうな」と類推することが可能になるわけです。あるいはブレイディみかこさんがエッセーで取り上げた「自分で誰かの靴を履く[3]」という表現がこれにあたるかもしれません。

個人と社会はコインの裏表

今言ったようなことをもう少し具体的に知りたいと思う人に、本を紹介します。『東京の生活史』[4]という、重さが１・５キロで１２００ページを超える書籍で、東京に縁のある人、１５０人が、自分がどういうふうに生きてきたのかを語っています。これは、生活史を語る人ではなく、それを聞く人を公募して、それぞれの聞き手に東京に縁のある人を探してもらい、聞き取りをして、一人あたり１万字の生活史を１５０人分集めた本です。

この本の最後にある岸さんの解説にも書かれていますが、一人ひとりの語っていることって全然違うんです。世代や年齢も違う。それから、いわゆるマイノリティと呼ばれている人たちもいたり、そうじゃない人たちもいます。かつて住んでいた人とか、今も住んでいる人とか、ちょっとだけいた人とか、いろんな人が、東京という場所の中で自分はどう生きてきたのかを語っている。それぞれの生活史を読んでいくと、一人ひとり全然違う話をしているんだけど、東京という都市で生きるのはこういうことなんだなと分かってくる。都市というのは人や物や資本が集中しているんだとか、それは地方から出てきた人にとっては、これまでとは違う選択肢を提示するような場所なんだとか。あるいは都市というものがどんどん変わっていく中で、ある人は離れて、ある人はとどまる。こうした一人ひとりの行為の選択の集積が生活史になってくると思いますが、それを可能にする共通点とか類似性としての東京という場所が、語りの中から浮かび上がってくるんです。

個人と社会は対立しているように見えるかもしれないんだけど、そうじゃなくて、コインの裏表のように分けられないところがある。だから私たちは他人の合理性について説明されたとき、自分でももしかしたらそうかもしれないと理解できる。私たち一人ひとりの全然違う行為選択というものが、ある種の共通点や類似性を持つ構造の中から提示される選択肢を選ぶことによって成り立っている面があるからだ、と見ることができるわけです。

岸さんは「他者の合理性」というキーワードを紹介するとき、マックス・ウェーバーの理解社会学について話していますが、社会学の潮流の中には同じようなことを強調する論者が複数います。私の場合は、ノルベルト・エリアスという亡命したユダヤ系ドイツ人の『諸個人の社会[5]』、それからアメリカのC・ライト・ミルズという人の『社会学的想像力[6]』を想起しました。後で読んでいただければと思いますが、エリアスの『諸個人の社会』から少しだけ抜粋します。

> より深いレベルで考察すれば、個人と、諸個人が相互に形成する社会は、共に目的のないものである。一方は他方なしには存在しない。両者はまずもって存在する。個人は他の人間の集まりのなかに存在し、社会は個人の集まりである。両者は実際、相互に太陽系を形成している星々のように、あるいは銀河系の形成体の中の太陽系のように、目的のないものである。社会の中の諸個人のこの目的のない存在は、相互にいわば生地を形成している。つまり、そうした存在は、人間が自らの目的という、変化する模様をそこに織り込む生地を形成しているのである（pp.17-18）

> **人間の精神の構造、人間の社会の構造、人間の歴史の構造、これらは分離することのできない相補的現象であり、相互の連関においてのみ究明することができる（p.48）**

> **一人の人間の精神的な自己規制の形態的特質は、——たとえば、その人間の母語を考えてみればいいが——彼が特定の社会で育ったことに基づいて、きわめて「典型的」である。しかし、それは同時にまた、彼が自分の社会のネットワークの中で他に比類のない準拠点として育ったことに基づいて、きわめて個性的である。（中略）社会とは人間を均一化し典型化するものであるのみならず、人間を個性化するものでもある。（中略）分離されている人間の「個性」と「社会的に制限された存在」は、実際、一方がなければ他方も存続しないという関係にある人間の二つの異なる機能に他ならない（pp.73-74）**

社会と個人は、対立したり異なったりするものではなく、裏表なんだということを強調しています。エリアスは母語を身に付けていくプロセスを、ある意味で社会が人間に、同じ言語体系を話すことを押し付けていると指摘します。個人を均質化、典型化していく。それでも、一人ひとりの話し方は異なる。いろんなイントネーションとか言い回しとかがあって、母語の実際の使われ方は非常に個性的なわけです。分かりやすい例としてエリアスは言語を挙げていますが、そういうふうに社会と個人の振る舞いはきれいに分けることができない。別の言い方をすると、個人の、本当に一人だけの事例を取り上げたとしても、その人の振る舞いの背後には社会があるわけです。それを見ていこうとするのが、質的調査法における事例というものの捉え方なのかなと私自身は考えています。

議論のテーマ

① あなたの保護者（親）の子育て・教育スタイルは「意図的養育」と「放任的養育」のどちらに近いものでしたか？ （1）そう思った理由となるエピソード、（2）自分の受けた「意図的養育」あるいは「放任的養育」の長所／短所はどのようなものと感じるか、（3）保護者の関与を可能にした社会的背景ないし構造と思われる点の三つを考えてください。

② これまでの個人史を振り返り、あなたが出会った同世代の人で「何らかの困難を抱えている」人を想起してください。（1）その人は、どのような困難な状況にあり、（2）何を必要としていると考えられ、（3）あなたがその人の担任教師であったと仮定し、何ができたかの３点を考えてください。

意図的・放任的養育のメリット・デメリット（教科書p.131を元に作成）

	長所	短所
意図的養育	子どもの（多様な）才能を伸ばす蓋然性が高くなる	過密スケジュールで強いストレスがかかる
放任的養育	子ども同士の密な関わりを通じて自主性が養われる	大人と交渉する機会が乏しいので様々な制約の存在を前提視し制度的場面で消極的になる

山田　この教科書は螺《ら》旋《せん》状になっていて、同じようなことを違う角度で振り返る構成を取っています。例えば自分が受けた教育で親の関与がどれくらい構造化されていたのかは、松岡先生の授業（第2講）でも考えましたね。今回の議題①では意図的養育と放任的養育という概念を軸に個人の経験を捉え直してみましょう。自分が受けた保護者からの関与は、一体どういうものだったのか。それは個人的な経験ではあるけれど、それを可能にした社会的な背景や構造があるはずです。加えて、自分にとってそれがいいことだったのか、それともちょっとネガティブな面があったのかも振り返ってみてください。ただ、他の人に例として示せる範囲でOKです。無理に自己開示する必要はありません。

　議題②は、もう一人今日の進行を担当してくださる藤本さんに紹介してもらいましょう。

藤本　①は皆さんの保護者と皆さん自身のことを、②は皆さんが出会った同世代の人について考えてください。今日の授業で扱う「他者」ですね。

山田　保護者だって他者だし、自分の中にだって他者的な部分がありますが、ひとまず自分とはかなり違う立場にあり、かつ何か困難を抱えていると感じた人のことを想起してください。

＊＊＊

「隠された」意図的な養育

タケウチ　僕は比較的「隠れた意図的な教育」をされたなと思っています。具体例として、文房具とか本みたいな学校関係のものは親がお金を出して買ってくれましたが、漫画やお菓子は自費でした。一応、選択主体は僕にあるので、あたかも僕が選んで買ったかのように小さいときは思っていましたが、よく考えたら、見えないところで選択肢が重み付けされていたという か、誘導されていたな、と。

山田　選択肢そのものがいろんな構造によって制約されている点につながりますね。一つの大きな社会というよりは、家庭の教育方針の中で見えない選択があった。自分で選んだように見えても、選び方や割くべきリソースが誰から調達されるのかが違っていたわけですね。とても興味深い事例です。

ヒラノ　私もゲームや漫画やお菓子などはすべてお小遣いなどから、つまり自費で、唯一文房具などに関しては親から出してもらえる形でした。

山田　複数の方に同じような経験がありそうですね。作家の村上春樹さんが自分の子ども時代を振り返ったエッセーの中で、本屋で買う本は全部つけで買えたと書いていました。親が先生なんですね（両親共に国語教師）。それも似たような事例なのかな。

オノ　今の「見えない教育」関連で、僕の場合は選択に対する重み付けではなく、自分の部屋に最初から本がいっぱい置いてあるみたいな、そういう環境づくりの面で誘導があったのかな、と。別に直接的な指示はなくて、放任気味でしたが。

山田　環境のほうから働きかけてきたんですね。これも、似たような経験をされた方はいらっしゃいますか？　教科書ではバーンスティンの「見えないペダゴジー」を紹介しましたが、彼の影響を受けた、ビジュアルディスプレイの研究が存在します。家の中にどんなものを配置して飾るのかは、労働者階級なのか中流階級なのかで違っていて、本棚を置くような比較的意図が読みやすい環境のつくり方もあれば、日本だと平仮名の表をトイレやお風呂場に貼ったりするケースがよく見られます。生活空間をどう組み立てるのかにも、親の側の好みであり意図が反映されている。

あるいは、子ども部屋をつくるかどうかも時代によって意見が分かれます。かつては勉強のための、子どものための特別な時間と空間を建築として用意するべきというのが主流でしたが、最近になると、子ども部屋はないほうがよくて、リビングで家族といろんなことをするほうがむしろ教育的だ、みたいな議論があったりします。そもそも、子ども部屋をつくれるかどうかとかにも、経済的なリソースの多寡《たか》や社会的なポジションによる好みの違いも影響してくるとは思いますが。

サカイ　環境の規定みたいな話だと、私は親だけではなく、地域によっても選択肢が規定されている面があると思っています。私が住んでいた田舎では、公民館で例えば英会話や三味線の指導をしていたり、地域がほとんど無料で提供している習い事が多く、社会教育が充実している環境でした。だからこそ、子どもの選択肢は地域によっても限られることがあるのかなと思いました。

山田　そうですね。どの地域に住むのかも、親になったらある程度選択できるわけですよね。たまたまそういう環境が整っていてラッキーと感じる保護者もいるかもしれない。一方、子育てをするにあたって、孟母三遷《もうぼさんせん》じゃないですけど、親が適切な場所を選んで決める場合もある。そこにも個人の選択と、その選択肢を用意する社会的な構造が入っているのかなあ。

イマイ　親は子どもを教育するにあたって自分の経験を参照するという話について、うちはちょっと違いました。というのも、うちは父も母も大卒ではなくて、データ上、意図的養育をする確率は低いほうの家庭だと思うんです。でも、実際は特に母親が意図的養育で、塾とかにも結構行かされたというか、行かせてもらいました。それはずばり何でなのかとこの間親に聞いてみたら、周りの親の影響だったと言っていたんです。ママ友たちが子どもをこういうところに行かせているとか、もっと言うと子どもの自慢をしてきて、それがストレスで焦っていた、と。また、僕が行っていた小学校はＳＥＳの高い家庭の子たちが行く国立だったのですが、もしそこに抽選で落ちて近くの公立の小学校に行っていたら、うちの親は絶対そんなに焦ることもなかったし、塾とかにもそんなに行かせなかったんじゃないかなと言っていたんです。結論を言うと、僕の小学生の頃の教育は、親の過去の経験じゃなくて、周りの家庭の教育をコピーしていたのかなと思いました。

山田　研究でもいくつかの概念を使って検討されています。特定の属性を持つ人たちが集まって暮らしていると、その影響を受けるという近隣効果（neighborhood effect）研究があります。学校の中ではピア効果といわれたりもします。

「意図的養育」の時期と「かっこ付き」の放任的養育

ワダ　私の家ではあれやりなさいとか、この勉強をしなさいとか、成績はどうだとかは特に言われなかったです。ただ、私は海外から帰ってきて中高一貫校に編入試験で入ったのですが、その編入試験を受けることは強制されました。「ここを絶対に受けたほうがいいから、受けろ」と。私は公立の中学校に行くものだと思っていたので、父親に受験したくないと話したんですけど、絶対に受けなさいと言われて。塾にも入れてもらったのか、入れられたのか覚えてないです。結局その私立の中高一貫に通うことになって、結果的にその後の生活が楽しかったから良かったんですけど。のびのびさせてもらっていましたが、最初の「こっちの方向で行きなさい」というのは固定されていたなあと思いました。

山田　学校を選ぶのも、広く言えば環境を選択することですよね。印象に残っているということは、多分それ以外はあまり強く言われたことはないけど、そこは親として譲れない部分だったのでしょう。これまでの授業でも取り上げていますが、日本の場合にはやっぱり中等教育段階、特に高校、中高一貫校の場合には中学校選びの段階で家庭的な背景が環境選択を左右していて、そこにいったん乗っかると、その後のライフコースの形成がかなり強く規定されます。そういう話とも符合する経験かな、と。

ナカノ　皆さんが多様な教育を受けてきたのは分かるんですけど、多分、世間一般から見たらかなり一元的というか、かぎかっこ付きの「いい教育」を受けてきたんだなと言われそうな気がしています。意図的養育・放任的養育、度合いやバリエーションはあれど、すごい上のほうでのバリエーションに固まっているような。

自分でも改めて、自分や周りの人たちが受けてきた教育がスタンダードではないことを自覚しなければいけないと思ったし、逆に他者に向かう議題②では、自分では全く想像がつかない（Ｓｌａｃｋへの）書き込みがあって。そういう中で、「他者の合理性」をいかに考えられるか。いかにそこを頭に置きつつ考えられるかがポイントだと思いました。

イノウエ　話が戻ってしまいますが、環境構築による意図的な教育に関して経験から話をしたいです。私の母親は、勉強系の例えば参考書とかにはお金を惜しまずにどんどん買ってくれたんですけど、代わりにその他のものに関しては、一切何も買ってくれなかった印象があります。ゲームとか漫画とかも、今まで持ったことがなくて。また、塾に通っていたんですけど、塾の授業が夜7時からだった場合、授業が始まる前に自習ができるように、午後3時ぐらいには塾に送って行かれる。勉強時間をかなり長く捉えていて、とにかく勉強しやすい、勉強するしかない環境をつくっていました。

山田　のびのび放任された裏には意図があったみたいな話とも重なりますが、「かっこ付き」の放任的な教育にどんな意図があったのを改めて考えるといいかもしれないですね。子どもが自分自身で工夫して勉強に向かう姿勢を育てたいとか、自発的に行動してほしいという意図があったからこそ、親がそういう環境を用意したのかもしれません。

私も今、小さな子どもを育てているので身につまされながら皆さんの話を聞いています。子どもがある方向に行こうとしたら、それにはあまり賛同できないしお金も出せないけど、別のほうへ行こうとするなら、それはもっとどんどんやりなさいという、図らずも意図が出てしまう場面。普段は何も言わないけど、人生のあるポイントだけ親の意図が前面にバーンと出てきたりする。一言に意図といってもいろんな表れ方をするんだなあ、と。

私は子育て中の家庭にインタビューをすることもあるのですが、子どもに何かするときって、やはり自分の経験が参照点になるんですよね、どうしても。自分が子ども時代にやって良かったことをやってほしいとか、これは嫌だったので子どもには押し付けたくないとか。さらに、パートナーがいる場合にはそれぞれの経験がぶつかったり折り合いをつけたりすることがある。再生産につながることもあれば、反面教師的に作用するかもしれないし、未来に開かれている部分もある。ただ、マクロで見ると、世代を超えて同じようなスタイルを反復する傾向があるのかもしれませんね。

キムラ　Ｓｌａｃｋを読んで共通していると思ったのが、「最初に」意図的養育をやっている点です。結局、最初に子どもの意思を親が決めて、そこから先は子どもが自分で選択をしたかのように見せかけるといいますか、自分で決めたことだと思わせるような、そこまで含めて糸を引いている側面があるのかな。その子どもの選択は小さい頃から意図的養育によってなされてきた、つまりもともとは親の選択であり、コミュニティの選択であり、社会の選択につながってくる。そのベースには、こういう子どもにはこういうことをさせるという社会的価値観のような、選別の営みが働いているのかな、と。

そこで考えたのは、いろんな方が同じ学校にいたのに、結局子どもたちは親の選択というものに縛られてしまうんだなということでした。金銭的な問題で選択肢の幅が狭いこともあり得ますが、選択肢の幅が広いからといって、結果的に親の選択に依存している点はあまり変わらない。

山田　教育とは、人が成長・変化する過程に外から刺激を与えて介入して、特定の方向に人を変えていくことなので、どうしても意図的にやるものだと思うんです。だから、親子関係だと今おっしゃったように親の意図が反映される。上手に成長できた子どもほど、自然と親の掌の上である方向に向かっているのかもしれないし、逆に衝突したりすると、全然違う方向に行ったり。

これは別に親子だけじゃなくて、教師が生徒に何か伝えるときも、同様のことがあるのかもしれません。また、藤本さんが（教科書の）コラム1の中で、子どもの最善の利益を追求することと子どもの意見表明権を担保することの間をうまく調整するのがソーシャルワーカーによる介入の鍵という指摘しているのですが、それともつながる感じがします。親にとっての子ども、学校における生徒は、成長していくと最後は自立した意思決定主体になっていくわけです。

そのときに、「パターナリズム」（父権主義）といわれたりしますけど、子どもより物事を知っている大人が先取り的に誘導していくわけです。

　でも同時に、子どもはどんどん成長して自分の好みが生まれる。今回のキーワードの通り、親にとって子どもは「他者」なので、思い通りにいかないこともあり得るわけです。そうすると、介入する側は子どもの意見をどれだけ聞くのか、それに応じて向いていること向いていないことを一方的に判断せず、どうやってすり合わせていくのか。あるところまでは水を向けたほうがいいけど、あるところからは、これは合っていそうだとか反発しそうだとかを徐々に聞いていって、最終的には何も関与しなくても自分で判断できて動けるようになることが「意図的養育」の理想でしょう。

困難を抱えている他者をありありと想像する

オカモト　②について、経済的に少し困難で、バイトをしながらお金を家に入れていた友達がいるのですが、その子は志望する学部と学費の兼ね合いとかを考慮するのがすごく大変だと話していました。公的な支援を受けられるのであれば、それを選びたかったのではないかと思います。学校や担任の先生ができることを考えたときに、もしそういう公的な支援があるとしても、知らない生徒が多いのかな、と。それを提示してあげるためにも、学校や先生方が経済的支援を数多く知っていることが大事ではないかと思いました。

藤本　この議題②では担任目線で考えてくださいと言いましたが、担任の先生だからといってお金は渡せないですよね。

お話のケースであれば、学校はまずその子の負担を減らしてあげること、そして進学先をなるべく制限しないように様々な選択肢を提示することができます。ただ、それは別に先生だけがやらなくていいことです。それこそ私もスクールソーシャルワーカーとして生徒を支援しています。先生はそういう支援に関するトレーニングを受けていませんが、ソーシャルワーカーは受けていますので、そういう部分では力になれます。

学校は基本的に教育機関として成立しましたが、文部科学省の諮問機関である中央教育審議会答申にもあるように、学校には福祉的機能があるんだと（後々）意味付けられたりしてきました。それを発揮するだけの十分な人材や知見が補完されてしかるべきと思いながら日々仕事をしています。

山田　先ほど、サカイさんが無料で使える教育施設の話をしていましたね。ただ、やっぱり経済的に一定のゆとりがあったからこそ意図的な教育を十分受けることができたというコメントが皆さんに共通していたと思います。でも、それは教育サービスが市場によって供給されている構造が前提なんです。仮に図書館の数が増えて、誰でも無料に書籍へアクセスできる環境が充実するとか、いろんな習い事ができる公民館とかがあれば話は違うのですが。もちろん自分の経験や、何が教育に役立つのかといった戦略を選択するうえでの情報量によっても違いは出てきますが、経済的なリソースの多い少ないが大きく影響してしまう。経験が貨幣でしか購入できないのか、それとも無償でも提供されているのかは、構造的な側面に焦点を当てたときには大きな違いを生み得ます。その点も考えてみてください。

イシイ　親が子育てをするときに、自分の経験を参照しがちであるという点に関して、私の親は結構放任的に教育をしてくれて、その際に、自分が経験してきた学校、例えば公立に行って大学に行くというやり方以外のことを子どもに経験してほしいと言っていました。その結果、例えば東大を受けることも私自身から言って、無事合格できたときに、祖父母から自分の孫が東大に行くと思っていなかったと言ってもらって、それを聞いて親自身も、やっぱり自分の経験、自分が進んできたコースを押し付けなくてよかったというふうに言っていたのが印象的でした。

ナカジマ　意図的養育と放任的養育という話で、いくら放任的といっても、親はやっぱりこういう子に育ってほしいという希望や期待が少なからずあるんじゃないかと私は思っています。どうなってもいいという完全な放任ではなくて。さっき意図的養育の条件として、経済的余裕や地域性、親が専業主婦で送り迎えしてくれたとか、祖父母が支えてくれたとか、いろんな条件がありましたが、逆に言えば、経済的余裕がなくて、フルタイムで働いていて時間もなくて、条件が全く満たせなかったとしたら、親が意図的養育をしたいと思っても放任的教育をせざるを得ない、子どもを置いて一人で外へ出ていかなきゃいかない状態は起こり得ます。見えない親の苦しみというか、「放任的」を選んでいるわけじゃない家庭もあると思いました。

山田　「放任的養育」にもいろんな訳が存在して、原文を逐語訳すると「子どもの自然な成長に期待する子育て」となります。子どもは意図的な介入がなくてもまっとうに育つという信念に基づく子育て、という意味合いです

今回、あえて意図的養育／放任的養育という概念を用いて話してもらったのには理由があります。私にとっての社会学の面白さとは、ある概念を使って自分の日常の経験を捉え直し、かつ社会的な構造をセットで確認できることです。そうした概念が社会学の中にはたくさんあって、その面白さを皆さんにちょっと感じてほしいと思いました。

最後に、議題②に設定したようないろんな困難との直面、それが自分や家族だけでは解決できないときに、どうやって周りの人や教師、あるいはスクールソーシャルワーカーが介入していくのか。そのとき子どもにとって一番いいことと、子ども自身の意見をどう調整していくのか。それが鍵になるということだけ強調しておきたいと思います。

藤本　東大生の皆さんは、議題②よりも議題①のほうが考えやすかったのではないでしょうか。

それは、これまでの人生の時間の多くを、自分のことに使わせてもらえてきたのだから当然のことかもしれません。しかしその一方で、自分のために時間を使うという選択肢を持てない人たちが、皆さんと同じ社会に生きているということにも思いをめぐらしてみてください。

授業後レポート

ワダ　東大生の中にはやはり意図的な教育を受けてきた人が多いと思いました。しかも、親に支配され続けた意図的な教育の人もいるとは思うのですが、特に見えない教育を受けてきた人が多いと感じました。多くの人がのびのびとやらせてもらっていたという印象を持っているにもかかわらず、改めて考えると結局は親の意向が反映されている意図的な教育だったということは、東大生の親はそのあたりのことをコントロールするのが上手なのかなと思いました。「あれやりなさい」「これやりなさい」と言われ続けるだけでは決して勉強のことを好きになれないですし、将来的に自立することもできないでしょう。ですが、方向性は定めつつもある程度の自由を保障してくれている（ように見える）教育ならば、勉強も好きになれますし自分なりに将来に挑戦していく子どもが育つのかなと感じました。

アオキ　全体的に、放任的養育に見える意図的な「見えない教育」を受けている人が多いように感じた。世間には、そうした見えない教育と、真の放任教育を、混同している言説があるように感じられる。放任的養育と意図的養育の優劣はつけられないとはいえ、「見えない教育」を見えないままにして、「放任的養育」を他者に勧めるのは、無責任だと思った。

受講生のほとんどが「良い教育」を受けているということを自覚する必要があるという意見が、一番心に刺さった。自分は、自分よりも高度な教育を受けてきた人々を羨むことが多かった。例えば、自分は海外経験がゼロだが、東大には帰国子女が多くいて、国際経験の豊かな人も多い。そうした人たちが、東大内でも優遇されていて、TLP（東京大学トライリンガル・プログラム）の学生のほとんどが帰国子女である。だが、それでも、世間一般から見れば、良い教育を受けてきたほうに分類されると思う。自分が、自分が、という考えに陥らないように。自分が経験したことのない「教育格差」に敏感でいられるように。まず自覚することが第一歩だと思った。

ヤマグチ　「勉強に関するものとその他のものに対して、親がお金を出していたか自分のお金で買っていたか」という議論に対して、最初は不思議な感じがしました。まず、「自分のお金」という表現に対して違和感を持ちました。すぐにおそらくお年玉やお小遣いを指すのだろうと気づきましたが、私の家では経済的な厳しさと不安定さからお小遣いがなく、また田舎であるため店が少なく、両親の仕事も遅く一緒に買い物に行くことも少なかったため、議論の前提が違うのだなと感じました。

マツモト　他人のために時間を使う必要に迫られず、自分一人で生きていくために、自分のために時間を使ってこれまで生きてこられた人が、今、自分の周りにはあふれている。それは当然自分もそうであるし、おそらく年の近い学生仲間だけでなく日々私が授業を受けている先生方の多くもそうであろうことは想像に難くない。近年ではヤングケアラーという言葉が注目を集めているが、「放任的養育」のように名付けられた瞬間、そこからこぼれ落ちていくリアルがある。「義務教育は平等に受けられる」という理想的な前提があるからこそ、こうした質的なリアルが確かな重さと生々しい生活を持って立ち上がってくる。「自分とは異なる他者」の持つ、圧倒的な存在感を再確認したような思いがする。

1　岸政彦・石岡丈昇・丸山里美（二〇一六）『質的社会調査の方法』有斐閣。

2　Willis, Paul, 1977, *Learning to labour*, Saxon House.（＝熊沢誠、山田潤訳（一九九六）『ハマータウンの野郎ども』筑摩書房［ちくま学芸文庫版］）

3　ブレイディみかこ（二〇一九）『ぼくはイエローでホワイトで、ちょっとブルー』新潮社。
4　岸政彦編（二〇二一）『東京の生活史』筑摩書房。
5　Elias, Norbert, 1991, *Die Gesellschaft der Individuen*, Suhrkamp.（＝宇京早苗訳（二〇〇〇）『諸個人の社会』法政大学出版局）
6　Wright, C. Mills, 1961, *The sociological imagination*, Grove Press.（＝伊奈正人、中村好孝訳（二〇一七）『社会学的想像力』筑摩書房［ちくま学芸文庫版］）

【第6講】「地元」との距離

知念渉（神田外語大学）

＊教科書第8章　教師はどのように生徒と関わってきたのか

「教育困難校」のリアル

知念　私は、いわゆる教育困難校で調査を行い、『〈ヤンチャな子ら〉のエスノグラフィー』（青弓社）という本を書きました。大阪のヤンキーとか、ヤンチャな子らって呼ばれるような子たちを追跡して、高校生活、卒業後、あるいは、高校中退後、どういうふうな生活を送っているのかを明らかにした研究です。

私は（授業前に学生が課題として視聴した）動画の舞台となった学校のような高校で、ずっとフィールドワークをしていました。

私が高校でフィールドワークをしているときに撮った写真をいくつか紹介します。廊下に貼られている貼り紙から皆さんに色々と伝わるものがあるだろうと思って、持ってきました。例えば、『黒髪最高』、これは生徒指導の先生がつくって貼っているものです。進路説明や写真撮影があるから、ちゃんと身だしなみを整えていきましょうということですね。頭髪指導の対象になったら、放課後に残ってドリルの課題を与えられるようなことがありました。

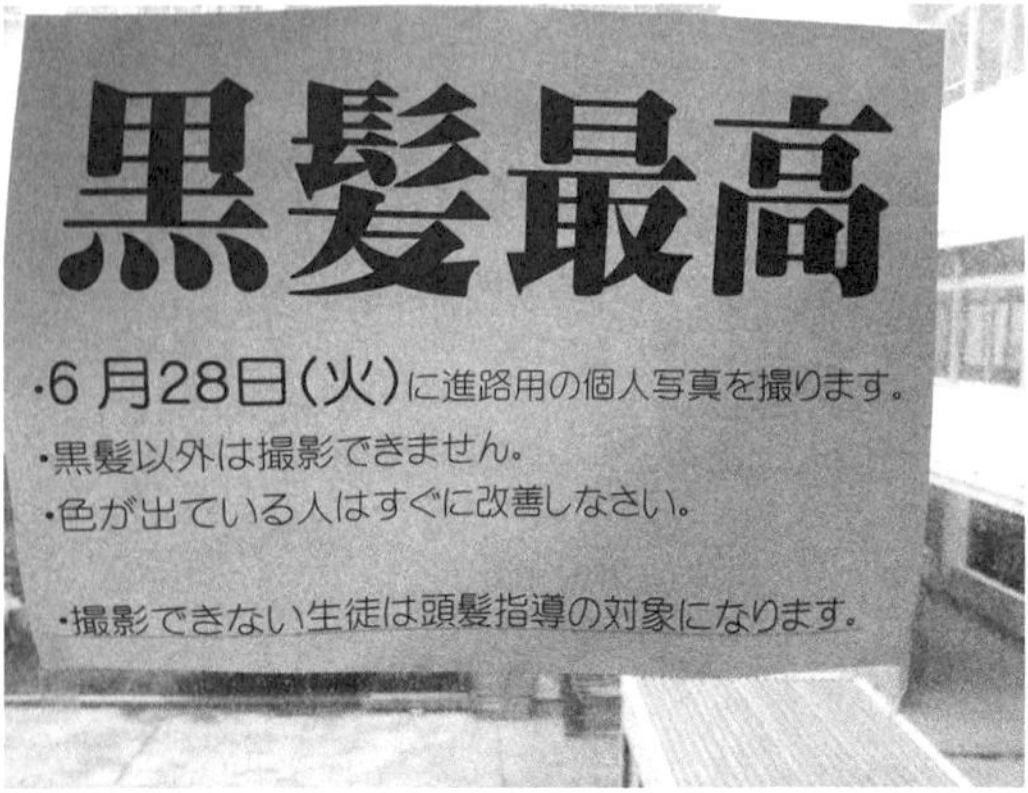

次のページの写真は、トイレに貼られていたものです。「トイレに２人以上で入ることは不自然である。そのような行動をとった場合、喫煙等の問題などもある為、即！指導の対象とする」。当時は、たばこを吸っている生徒が多くて、喫煙の停学が重なって退学になることもありました。そういう生徒指導に関わる問題に教師は力を注いでいました。

教育困難校だと、先生たちは授業をするだけではなく、トイレの見張り番とかもしなければならない。廊下の前に立っていたり、校門の前で外に出ていく生徒がいないか確認したり。しかも、一応は指導をするために立っているのだけど、そこは上から怒るだけじゃなくて、フラットな関係で「おまえ出ていくなよ」というふうに言って、教室に連れ戻す。

あと、「チャイム着席」という貼り紙もありました。言うまでもなくできている学校だったら、このような

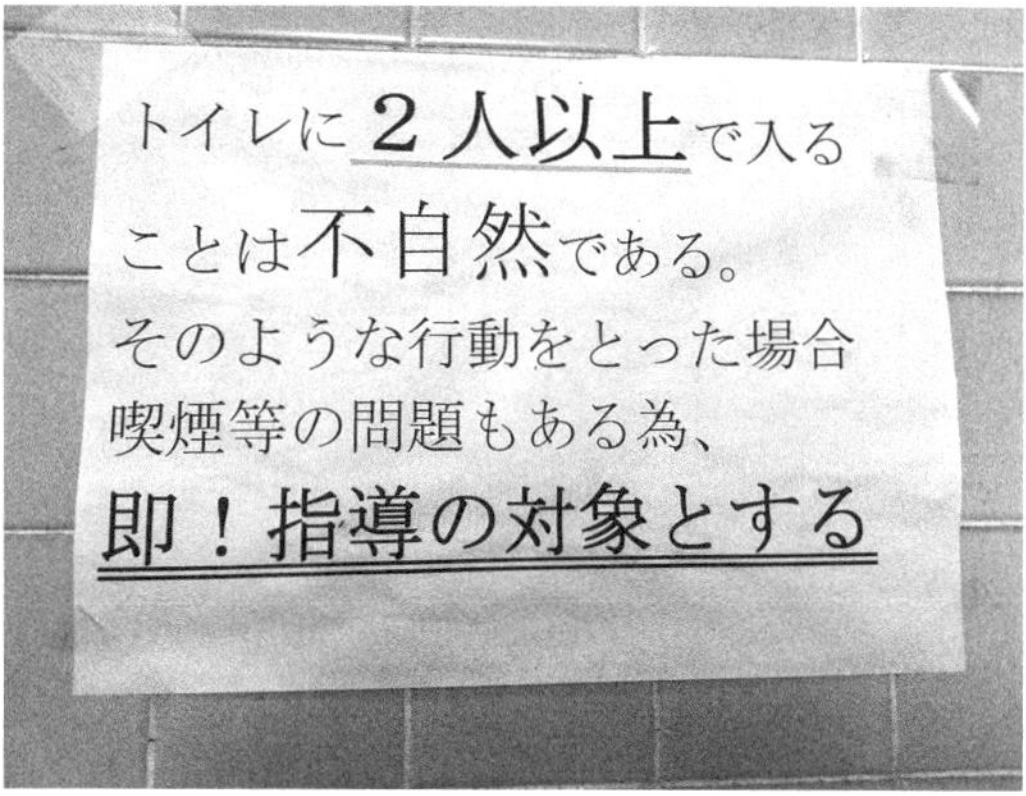

ことは書かれてないはずです。『黒髪最高』もほとんどの生徒が黒髪だったら書く必要はないし、トイレに2人以上で入る人なんていないじゃないですか。そこを目指す必要があるから、貼り紙があるわけです。

私が調査してきた「教育困難校」と呼ばれるような学校の指導体制はこのようなもので、その背景には、貧困、虐待、障害などいろんな問題が積み重なっていました。だから、動画の中で高校の先生たちも言っていましたけど、学校に来るだけで本当に偉い。そのような家庭、背景を持った子たちでした。

かつての葛藤

ここに1枚の家族写真があります。この中に私がいます。親戚の結婚式に行くときに撮りました。……向かって右の黒いスーツを着ているのが私です。大学2年生、19歳の頃で、これ、シャツはミッキーマウスです。ミッキーの総柄のシャツを着て結婚式に行きました。弟（向かって左端）は「ヤンキー」でした。当時は定時制高校に行きながら「鉄筋屋」、鉄筋コンクリートの柱を造る、鉄筋を加工するような仕事をしていました。母親はまさに「一張羅」で、普段こういう服を着ることはない。多分結婚する前からずっと同じ服を着ています。このような沖縄の家庭で私は育ちました。なぜそんな話をするかというと、個人史に社会的な背景が現れるのがすごく面白いなと思っているからです。

ちょうどこの頃、私は大学をやめたいと考えていました。後にゼミの先生になる指導教員に相談したことを覚えています。めっちゃバイトして、めっちゃ服を買う生活で、大学の勉強は楽しかったけど、せっかく入ったのにやめたかった。なんでそういう考えに至ったのか。私は、農村に生まれて、トラックの運転手をしていた父親（私が大学生の頃は失業してました）、パートの母親、畜産業や農業を営む祖父母の間で育ってきました。教育社会学的には学校教育で成功しそうにない社会的背景を持っているわけです。

ただ、成績は結構良くて、一方で生活面は問題児と普通の子の間ぐらい。大学進学したいと思ったのが、高3の6月頃でした。センター試験というものを、そのときに知るわけですね。

学校の先生になりたいと思って琉球大学に行こうとするんだけど、９月の時点で８００点満点中３００点しか取れなくて、絶望的な状況でした。確か６００点ぐらい取らないと入れないので、２倍に点数を伸ばさないといけない。それから受験勉強を続け、ギリギリ合格しました。

試験で合格したわけですから学力水準では問題なかったはずだけど、入ってみたら、大学の人たちと全然話が合わない。大学楽しくない、やめたいとなっていきました。今から思うと、文化的な障壁が高かった。結局は大学院にたどり着いて、そこで自分自身の履歴を活かしながら調査できないかと考え、結果、最初にお話ししたような調査につながるわけです。

一つ象徴的なエピソードを話しておくと、大学院のある授業で先生に「１００万円あったら何に使うか」と質問されたんですね。10人ぐらいの演習形式の授業で、僕が初めに「50万円ぐらいの時計とジャケットを買いますね」と答えたら、僕に続く全員が「旅行」って言ったんですよ。「ああ、みんなは未来への投資（旅行という経験）をするのか」と思いましたね。

そこで私が皆さんに問いたいのは、次のようなことです。

議論のテーマ

① いわゆる「地元」の友達と距離を感じた経験はありますか？　覚えている一番古い記憶・経験はどんなものでしょう？（「地元」のイメージはおよそ「中学校区」。東大に距離を感じる

場合は「地元」を「東大」に置き換えましょう）

② 自分の高校（中学）と、知人の高校（中学）の違い（校則や教師―生徒関係）に驚いたことはありますか？（どんなところに？　その違いは何に起因する？　ないとしたら、なぜなかったと考えられるのか）

＊＊＊

教育トラックで異なる同級生

ナカノ　授業の前に見た動画は衝撃的で、視聴後、日本の貧困とか色々と調べました。いわゆる「地元」って、地域性はあれどかぎかっこで括られていると思うのですが、その「地元」の中にも、こんなにバリエーションがあるんだと驚きました。自分はイランに住んだ経験があるんですけれど、イランって地元が同質というか、同じような人しか住んでないような、地区によって住んでいる人の社会階層が明確に分かれている感じがして。日本はもちろん分かれている部分もあるでしょうけど、いろんな家庭環境の人が雑多に入り交じっている地区が、小学校とかで多いのかな、と。東京は違うかもしれないけど、特に首都圏の県とかで。そこで多分、東大に来るような人だったら、中学・高校になると同じような家庭環境だったり、同じような将来の志望をする同級生が多いけれど、小学校という地元に密着した教育段階では、かなり自分と周りとの差を感じることが多いのかなと思いました。

自分自身も、小学校時代にはそういう目を持って周りを見てなかったのもありますが、高校生になってから小学校の同級生と再会したときに、例えば就職するとか、自分とは全然違う道を歩んでいるのを目の当たりにして、びっくりしました。その子はもともとヤンチャな子で、そのときは「なんで校則守らないんだよ」と思っていたけど、それが本当はもしかしたら家庭環境に由来したり、社会の状況を反映した自己防衛的な形の性格・行動だったのかなと今回気づきました。小学校という環境は、ある意味で貴重な場だったんだなと感じています。

知念　日本は高校入試によってみんな学力ランクで振り分けられる制度になっているから、高校以降は割と同質的な集団になっちゃうんですよね。その点、少なくとも地方では大体、小中は地元の学校で過ごさないといけなくて、それが嫌な経験になる可能性もあるけど、他方で後から振り返ると社会の広さみたいなものを経験するという、ある意味での財産になる側面がある。都市部の場合は小中の時点で地域差が激しかったり、私立にいっちゃうことが多いのかもしれないけれど。いろんな人の生き方があることを知ってその人たちと色々考えることは、公教育の一つの役割だと思うので、今の話はそういうものにつながるのかなって思います。

アオキ　私も小中が地元で、そのときは周りとそこまで差を感じなかったんですけど、高校に入ると中学とすごい差があって「トラッキング」を実感しました。そこから小中の友達とは関わりが途切れてしまって。小中までの状況は知れても、高校以後は完全に階層別になってしまって分からなくなるのは結構問題かなと思いました。

知念　小中の頃には友達ともあまり違和感なく接することはできていたんですか？

アオキ　そうですね。それが普通だと思って。地元だから話す、話さざるを得ないような環境だし、それで仲良くしていたけど、高校に入ると別に話すことがなくなってしまうというか。

知念　高校に入って高校の友達のほうが気が合うってなると、あえて地元の人と連絡を積極的に取らなくても……みたいな気持ちになりますよね。

イシイ　私は愛媛県出身で中高一貫校の私立に行ったんですけど、小中高どの友達とも連絡を取り合っています。ＳＮＳのおかげでつながる人数が増えたのですが、例えばもう就職しているとか、女子の友達だと結婚して妊娠した、今は子育てしている友達を見て、小学校の頃は全然ギャップを感じていなかったのに、中高の6年間離れたことでこんなに環境が変わるんだなと、素直に驚きました。でも、それで接し方が分からなくなったわけではなくて。多様性というか、中高のコミュニティだけでは知らなかったことを小学校の同級生から知ったりするので、その点は小学校という多様な場があるからこそ視野が広がったのを今、感じています。

「誰」が「地元」と距離を感じるのか

サカイ　私は農村みたいなところで小中学時代を過ごしましたが、小学校は家庭環境が多様でも結構聞き分けのいい子、しつけられた子が多かった印象がありました。その理由は、祖父母と同居している家が多かったり、地域の見守り体制が進んでいたりして、親が面倒を見られなくても地域で面倒を見てもらう環境が整っていたからかなと思っています。でも学校に一人だけすごく素行の悪い子がいて、授業中に教室を抜け出したり、気づいたらグラウンドで一人で遊んでいる。なんでだろうと考えると、その子は15人ぐらいの大家族で、子ども一人にかけられるお金も時間も少なかった。あと、その子の家は地域に引っ越してきたばかりで、集落というか、自分の地域の人たちとの関係をうまく築けていなかったのも大きいと思います。集落の中でもその家庭だけ仲間外れというか、浮いた存在になってしまっていて、地域の見守りの目があまり届いていなかったんじゃないかな。なので、家庭だけじゃなく地域の中での関係性も含めた家庭環境も、子どもの素行や行動に通じているのかな、と。

知念　私は生活が厳しい家庭の子どもたちにインタビューすることがあるのですが、引っ越しの回数がすごく多いです。親が離婚して引っ越すとか。引っ越しを繰り返すと友達がなかなかできない、人との関係を安定して築けないという問題もありました。

マツモト　①について、高校での話をします。僕は小中高とすべて埼玉県の公立だったんですけど、埼玉県は高校の風土が独特で「公立王国」といわれ、頭のいい子も公立に集まる傾向があるそうです。今はそれも崩れているという議論もありますけど。僕は一応、そこでトップといわれるところに行った結果、どういうことが起こるか。埼玉県中のいろんな所から頭のいい子がぎゅって集まる現象が発生する。そこで話を聞いていく中で、小中学校の印象が二分されている印象がありました。地元の小中を「あんなところは駄目だ」と語る、自分にマッチしないつらい環境だった学友たち。一方で、中学から高校で文化的な変化をそれほど感じていない学友たち。後者は中学のレベルも高かった。割合的には大体、半々ぐらいになっていたような印象があるんですけど。高校はさいたま市にあって、その近くに住む、高い所得の家庭からたくさん入ってくるわけです。言ってしまえば、東京近辺の人が集まりやすい東大と似たような現象です。地方ごとにおける地元感覚の違いを、こういう公立校だからこその形で実感しました。

知念　逆に言うと、埼玉県の郡部出身で、地元が好きだという子はあまりいなかったってことね。

マツモト　もちろん一部には好きな人もいましたけど、ざっくり概観するとそうです。

知念　私も沖縄出身なのでよく分かるというか、外に出ていった子たちは地元に対して色々嫌な思いを抱えているケースも結構多いなって思います。

ヤマグチ　サカイさんの「小学校に素行の悪い子が少なかった」という話の逆で、私の学校は素行の悪い子が多かったです。それこそよくある、教室の扉に黒板消しを挟んで先生の上に落とすやつを毎回やっていたような学校でした。なんでかなと振り返ると私の家は昔、市営住宅に住んでいたのですが、その自治体の市営住宅の分布を見てみたら、広く分布はしているけどちょっと偏りがある。私の通っていた小学校の校区には市営住宅が固まっています。市営住宅に通う子は貧しかったり、片親だったりとかで、心情に問題が出てくる子もいたかもしれない。そういうのも、教室の雰囲気とかに関わってくるのかな、と。

知念　教室の雰囲気に関わってくるし、先生たちの持つ文化も違ってくると思います。

　前回の授業で、皆さんの多くは小学校のときにできない子に教える役割を担っていて、それが葛藤の原因になっていたというような話がありましたね。それによって、学校の経験の印象がよくないものになることも、もしかしたらあるかもしれないですね。

階層性のある希望の有無、嗜好の違い

キムラ　自分の経験で一番印象的なのは、学習障害のある友人です。進学をしないから勉強する必要はないし、だから障害に対する支援を受ける必要性も感じない。本人も障害のことを当

時は多分知らなかったと思うんですけど、勉強しなくていいやって納得している。勉強することがすべてじゃない、高卒で就職が悪いわけじゃない。自分は勉強して大学に行くのが何となく当たり前と考えていた中、能力的な問題があったとはいえ、そういう家庭があることは今でも忘れられません。

それ以外にも、経済的に貧しい人はいっぱいいて、自分の周りの話ではヤンキーになってたばこ吸って学校に来なくなったり、家庭環境が悪くて親が朝起こさないからそのまま学校に来なかったり。だから学校の先生が毎日電話して起こしに行っていました。あるいは、詳しくは知らないんですけど、親が病気がちで、自分も生活保護を受けるから勉強しなくていいや、わざわざ働かなくてもいいんだとか。そのまま、連絡取れてないですけど。要は学ぶ必要ないじゃないかって感じで。当時は何もアドバイスできなかったのが心残りではあるんですけど。高校もあまりいいところじゃなかったので、例えば算数でつまずいている人がいたり、授業冒頭の画像にあったような服装指導の貼り紙とかもありました。

知念　小学校の段階で、大学に行くということを自分の可能性として考えているか否かは、結構、差がありますよね。その段階で割と、自分の将来のイメージってものができ上がっている部分はあると思います。

サカモト　ちょっと前の埼玉県のお話に共感したんですけど、私は愛知県出身で、愛知も結構、公立高校が優位な地域です。私は公立中学校出身で、さっきの例に引き付けると、中学校と高校が割と同質でした。私の住んでいた地域はトヨタ自動車の社員の子どもがいっぱいいるところだったのもあって結構学力が高めで、頭のいい人、成績のいい人が割と過ごしやすいような環境の中学校で。ただ、中学校の同級生でそんなに学力が高くなかったような人たちが私立のそんなに偏差値の高くない学校に行って、それこそメイクとかバイトをすごいしていたりで差を感じていました。と同時に、中学校のときは学力が高い人のほうが生きやすかったから、その人たちは高校のほうが楽しんでるふうに見えて、荒れている学校に進学することが必ずしもその人たちにとって悪いことじゃないんだなと感じたのと、私たちからするとたくさんバイトして化粧品とか服買ってみたいなのが、あまり良さが分からなかったんですけど、そういう、嗜好が分からないというところにまで差が開くのが、なかなか考えさせられることだな、と。

知念　そうした嗜好の分析は社会学者のブルデューが行っているので、興味があったら読んでほしいです[1]。ノンエリート（大学に進学しない層）の生き方も実は地方によってばらつきがあります。愛知県にはトヨタがあったり、あるいは愛媛県の瀬戸内のほうだと工場がいっぱいあったりして、日本の製造業には高卒層でも安定した生活を見込める仕事があって、少なくとも男子の場合、高卒後にそこへ就職するのは安定した生活につながり得る。他方で沖縄とかは、ここにも歴史的な構造があるのだけど、製造業は一切発達しなかったのでサービス業しかないんです。つまり不安定な就労しかないから、沖縄の人がノンエリートになるということは、不安定な職業に直結することを意味している。その土地の産業構造にかなり影響されるところがノンエリートのつらさ、きつさにつながっている面があります。

高校の入学難易度と校則の関連

ヒラノ　Ｓｌａｃｋを見ている中で、偏差値という指標を使ったとき、低い高校のほうが校則は厳しめという話がちらほら見られました。ただ、高校名による「レッテル」が最初にあって、それを払しょくするために校則がきつくなっているケースがあると思っています。ここから経験談になります。私は違う国公立に行ってしまったのですが、地元の中学校は、昔は３Ｓという異名で呼ばれるぐらいのヤンキー校だったため、周りの学校よりも地域の目が厳しく、校則がかなりきつめにつくられていたんですね。つまり、生徒を律する面だけでなく、地域の目やレッテルに対応するための厳しい校則も存在するのではないかと考えました。

知念　高校だとそういうケースもイメージできますが、中学でもあるんですね。

ナカノ　東大に来ている人とかって、何となく「偏差値の低い高校って何のためにあるんだろう」みたいな考えがちょっとあるかなと思っていて。そんなに学びを得られないんじゃないかなという偏見が自分には多少あったのですが、動画で教育困難校の取り組みとかを見て、生徒のセーフティネットになっている学校がたくさんあることを知りました。偏差値の高低ばかりを見ていた感覚がすごいあって。例えば夜間の学校は日中に働かなければいけない人たちに教育の機会を与えているとか、そういう視点もあるなと思いました。

　また、もしかしたら素行のよくない生徒ばかりの学校では先生のやる気もないのかなと思ったら、先生もどういった取り組みをすればより良い方向に導けるのかを、葛藤しながら取り組んでいる。そのような記述を本やドキュメンタリーで知って、一概に、素行が悪いからやる気がないとかいうのは本当によくないなと省みたし、東大生としてものすごく偏見を抱きやすいところだから、改めて、自覚的にそれは違うというのを知識の面でも身に付けていきたいなと思いました。

知念　トラッキングってもちろん悪い側面もあるんだけど、他方で、しんどい子が同じところに集まってくると同じように対応しやすいという、いいところもありまして。そういう意味では、学校ランクが低いところの先生はものを教えるだけじゃなくて、ケアの側面がより強くなる。ケアの側面を重視したやり取りができるところは、大事な点かなと思います。動画に登場した教育困難校はそのメリットを最大限に活かしている学校で、逆に、それを差別的で格差を拡大させる方向に働かせている学校もあるかもしれませんが、運用次第でいい方向にいくのかな、と。

フクダ　ヒラノさん、ナカノさんの話と少し似ているんですが、僕が高校生のときに、中学の同級生から聞いた話です。あんまり偏差値は高くない学校の子なんですが、先生を割と友達扱いしているというか、先生はマブダチだぜと言っていまして、先生もクラスのＬＩＮＥグループに入ったりして、生徒と同じ目線でふざけ合ったりしている。実際に画面を見せてもらって、そのときは言い方は悪いですけど、先生として生徒を指導するのをある程度諦めている、放任しちゃっているのかなと思いました。でも皆さんの話を聞いたり教科書を読む中で、それもまた一種の教育的配慮の側面もあるのかなとすごく感じました。

知念　教育ってすごく暴力的な、人を変える営みなんですよね。生徒本人からすると、自分が変わらないといけないから、自分を痛めつける行為です。他方でケアというものや、その人の存在を認める側面も教育にはある。「あなたは変わりなさい」「あなたはあなたのままでいいよ」という双方の力学がバランスよくないと、人って成長しないんですよ。家庭が安定している場合には「あなたのままでいい」という働きかけを家庭が担って、学校では教師が指導的な態度を担えばよいのかもしれないんだけど、そのバランスがうまくいかない場合には、教師が「あなたのままでいい」と生徒を認めることをしないと教育効果も全然生まれなくて、学校から排除されるだけになっちゃう。今話してくれたような学校では、教師の役割におけるその部分のウエイトが高くなるところはあるかなと思いました。逆に、東大生の場合には家庭からも学校からも「変わりなさい」と言われているようなつらさがあったりするのかな。

エンドウ　高校の先生が別の、比較的学力レベルの低い学校に赴任していたとき、授業のカリキュラムを無理に終わらせようとしなかったそうです。授業の時間を使って、軽トラを運転して生徒と海に行ったり、文化祭の劇の練習をしたり。学校によって授業は違うからうまくやりくりしないと、みたいなことを先生は言っていて。その学校にどういう背景があったのかは想像でしかないですが、とりあえず学校に来てくれるように生徒の関心をつかむことに重きを置いていたのかなと。驚きだったのと同時に、学校によって先生たちが柔軟に対応しているのかなとも思いました。

ノグチ（現職教師）　教員としてやっていく中で葛藤する部分はたくさんあって、自分の今までの経験と違うことに対して、それでも指導しなきゃいけないとき、どういうふうにやっていくか。生徒の中に入って仲良くなっていっても一本線を引かなきゃいけないところもあり、葛藤を感じることがあります。そういうことは大学の教職課程では全然勉強しなかったので、早くに知ることができたらよかったなと思います。

それと、僕は勤務校が公立高校なのでいろんな学校に配属されるのですが、その関係でそういう学校に赴任したこともあります。実際に接する中で、こういう生徒もいるんだなと知ることができましたけど、勤務先を決めるやり方によっては、全然そういう世界を見ることなく退職していく人もたくさんいるはずなので、学べる機会があってよかったです。

知念　私が大学で授業を行うときは、それを強調しています。「母校のような学校を想定して教師になるのは危険だよ」と。まあ私が授業で強調しても、学生はどうしても経験に限りがあるから母校を想像してしまうのだと思うのですが。初任でしんどい高校に配属になることも多いですから、それで結構くじけるケースもありそうですね。

緩い校則の背景

キムラ　自分の高校は緩かったです。昔は厳しかったけど、それを通り越して緩くなったパターンと聞いています。校則を厳しくすると中退してしまうからとの理由です。学力ランクは確実に低いというか、偏差値がないぐらいだと思います。進路も専門学校や就職、あるいは高卒の単位だけ取って今までの職業を続ける人もいました。高校の先生は、適切な距離を置こうとして、積極的な働きかけを基本的にしない学校の風土といいますか。とにかく、来たら教えるけど、来なかったら最低限レポートみたいな課題を出して単位を与えるか、それも出さなかったら落とす。先ほどまで議論にあった福祉的側面としての教育は、ありかもしれないですが、そこにどこまで積極性を持ち込むか難しいなと感じたところでした。

知念　他に誰か、偏差値が高いけど校則が緩かった人はいますか？

オノ　僕の高校はすごく緩かったです。これは僕の考えですけど、親がセーフティネットの役割になることを期待されているのかなと思っていて。というのも、偏差値の高い学校だと、親がしっかりしていて、例えば子どもの素行が悪くて犯罪などに手を染めようとしたら、親がめっちゃ介入してくる。そこまで考えると、学校側はそんなに校則を厳しくする必要がないから校則が緩いんじゃないかと思いました。

知念　学校の校則は、家庭の声や要望を想定して、つくられている側面がありますよね。私の章（教科書第8章）で一番言いたかったことは、教育活動は子どもたちの背景を踏まえて行われているし、行われないといけないってことです。だから、教育困難校で、例えば自分たちの常識とは違うようなことが行われていたとき、そこで教育活動が放棄されているかというと、決してそうではない。そこでの教育的な行動、行為がどうなっているのかを分析していくことが教育社会学の研究課題の一つです。そういうことを知ってもらえたら、本日の授業にも、多少なりとも意味があったのかなと思います。

授業後レポート

フクダ　学校によって見える景色が全然違うということをより実感することができました。特に授業の前に動画を見た際に、教室の黒板の上に目標として「全員卒業」が掲げられていたことにとても驚きました。先生たちの指導法も上から押さえつけるような厳格なものではなく、生徒に合わせて、どちらかと言えば促すといったような方法がとられていたことも興味深かったです。一見して生徒を指導するということを諦めているようにも見えましたが、教科書中にあったように、生徒の現状に合わせて考え抜かれた指導であるということがよく分かりました。また、教育困難校というと先生と生徒の関係がかなり悪いようなイメージを抱いていましたが、データをみると逆にそのような学校のほうが教師生徒間の関係が良い傾向にあることにとても驚きました。先入観に頼らずに、しっかりと根拠を持った思考をしなくてはならないと感じました。

ムラカミ　地元では大学進学することがスタンダードではありませんでした（田舎のほうです）。自分は友人らと違って「英才教育」を受けて東大に来ましたが、本当にこの生き方で幸せだったのかと最近考えさせられます。わざわざやかましい都会に出て競争社会で生きていくのではなく田舎でのんびり農作業でもしていたほうが良かったのではないかと思うことがあるわけです。

　もちろん貧困問題のように健康で文化的な最低限度の生活すらままならない生活者がいる状態は是正されねばならないですが、生き方そのものは多様であってそれぞれに幸せを見出し得るのかなと思います。まだ自分の中で考えがまとまっているわけではないですが、今の見方が先入観にとらわれていないか常に意識したいです。

イノウエ　私の中学は地元でも有名な「不良」中学でした。授業中に私語を楽しむ声が教室中で響いているのは当たり前で、「不良たち」は教室から学校の側の道路に向かって給食の牛乳を投げつけたり、ひどいときには先生の車に傷をつけて遊んだりしていました。当時の私は彼らからいじめを受けていたこともあって、彼らを社会のゴミくらいに思っていました。そして、同窓会でも、トイレに集まってたばこを吸ったり、外見のいい女性に触ったりと、自分本位な行動を繰り返していた彼らを見て、私は勉強を頑張ることで彼らから遠く離れた世界に来れたことに心の底から安堵しました。

　彼らはおそらく彼らの親と同じような仕事（工場などの力仕事）に就いていて、そして彼らは子どもの教育に力を入れそうにないので、おそらくこの連鎖はまだまだ続くでしょう。非行少年らが非行に走るのは、おそらく周りの関心をひきたい気持ちや自己防衛的な心理が働いているためであり、彼ら自身が悪いのではなく環境がそうさせるものでしょう。学校という場が彼らを正すのには限界があるかと思われます。親向けの教育講座や子育て支援などを通じて、彼らに作用するのも一つの道ではないでしょうか。

オオタ　今回の授業では、環境の「違い」に着目して議論が行われていました。正直今回自分は、あまりパッとそういったエピソードを思い出せませんでした。振り返ると、都内私立中高一貫男子校出身の自分は、部活で他の学校と交流したり、地元の小学校の友達に高校で再会したり、東大で地方出身の友達ができたりと、「違い」をまざまざと感じる経験をしてきました。

　しかし今回あまりピンと来なかった理由としては、結局そのような「環境の違う人たち」は、実際に接してみるとそこまで自分とかけ離れてはいないという経験が多いからだと思います。例えば、同じゲームをやっていたり、同じアニメを見ていたり、同じ曲を好きだったり。最近は「違い」に直面したとき、カルチャーショックを受ける前に「ああそういうタイプね」で片付いてしまうことが多いです。

　それはもしかしたら「友達」という、言ってしまえば浅い付き合いで深い事情を知らないからなのかもしれません。一方で「環境の違い」という言葉がどこか言い訳のように聞こえてしまうことはあり、ただそれも裏を返せば多少の（個人の、または政治的な）努力によって「環境の違い」は乗り越えられることなのでは、と葛藤したりしています。

タケウチ　今回の授業で、自分は「地元」と「東京」のどちらにもある程度の違いを覚えていながら、しかし明確な「違い」がないなと思いました。つまり中間層。ただ、家庭環境は比較的「東大」寄りで、趣味嗜好や受けてきた勉強以外の教育は比較的「地元」寄りでした。恵まれた家庭に育ち塾にも行かせてもらい勉強面では不自由なくやらせてもらいました。付随して親からの勉強の期待は強かったです。一方で趣味嗜好は「地元」寄り。ストリートカルチャーが好きな友達と仲が良かったのでＨＩＰＨＯＰやそういうファッションが好きで、ヴァイオリンや美術などには全く触れてきませんでした（ピアノは親がやらせようとしたけど長続きせず）。勉強以外の教育も、思った以上に漫画を買ってもらえなかった人や恋愛を禁止されていた人がいて、そういう人たちを見ると自分はのびのびやらせてもらっていたので「地元」寄りなのかなと思いました。ただ前回の授業でやったように、隠れた意図的養育だったというのがより正確だと思います。今回の講義で自分のアイデンティティを初めて教育の観点から言語化できました。

ナカジマ　もし貧困家庭の子どもや問題のある家庭の子どもがこの授業を見ていたらどう感じるだろうか、とふと思った。東京大学で何を学んでいるかと思えば、「全員が大学進学を目指すわけではない」「高校生で子どもを育てる人もいる」といったことを皆（東大生）が驚きを持って受け止めている。これは彼ら、彼女らから見たらとても滑稽なことなのではないかと感じた。政治家が国民の生活の実態や苦しみを全く理解していないことでしばしば炎上するが、これは政治家の想像力の欠如の問題だけではなく、政治家たちの被教育体験の中でそのような苦しみを持つ人々に出会う機会が極端に少なかったという問題もあるのだと思う。私は炎上ニュースに触れる度に「なぜそのような言動をしてしまうのだろうか」と呆れてしまうが、私自身も自分で気づいていないだけで無神経・無配慮な言動をしてしまっている可能性は十分にあると感じた。

1　ブルデュー、一九九〇・一九九一年、『ディスタンクシオン――社会的判断力批判Ⅰ・Ⅱ』藤原書店。

【第7講】非行少年と向き合う

岡邊健（京都大学）

＊教科書第9章　非行は学校教育と密接に結びついている

生まれながらの犯罪者は一人もいない

岡邊　教科書の第9章を執筆した岡邊です。今日はゲストの方をお呼びしています。

野田　NPO法人チェンジングライフの野田詠《えい》氏《じ》と申します。

生まれながらにして犯罪者という人は一人もいません。犯罪者の家庭に生まれることはあるかもしれませんが、生まれたときから犯罪をしているわけではありません。それが、どうしたら罪を犯すようになってしまうのか。そういうことについて、教科書の内容と重ね合わせながら、私自身の話もしたいと思います。

教科書第9章の冒頭で、犯罪などに至ってしまう背景の中で、排除とか、あるいは学校の不適応、そういう負の連鎖が指摘されています。学校の持つ居場所としての機能を、非行少年に対して確保、維持することが重要だということが説かれていました。

「非行・逸脱を説明する理論」として、学習理論、コントロール理論、ラベリング論という三つの理論が解説されていました。この三つが私自身にとても当てはまっているんですね。非行に走ってしまったかつての仲間もそうです。また、私は児童福祉領域の自立援助ホーム、そして司法領域の自立準備ホームという施設を運営していますが、刑務所あるいは少年院を出た方の自立支援をしていく中で、この三つの理論が本当に当てはまっていると思います。これらは学者の机上の空論ではなく、犯罪に陥ってしまった私たちとしても実感するところです。

心のブレーキワイヤーが切れて非行の道へ

野田　私は身長が１８６あるんですけど、小さい頃からバスケットボールの英才教育を受けていたら、もしかしたら有名になったかも分かりません。でも実際は、ただ体が大きいでくの坊で、スポーツも万能ではありませんでした。また集中力がなく学校の授業についていけず内申点も低くて、当時行ける高校がない状態で中学校３年生になりました。高校に行けない、良い高校に行けない、良い大学に行けない、良い会社に入れない、良い給料をもらえない、良い家庭を築けない。そういう幸せの定義みたいなのを自分で持っていて、しょっぱなの高校の段階で、行けるところがないことで、大きくつまずきました。人生の落伍者になるのではないかという焦りとストレスを内に秘めた状態で、家族の中で精神障害を患《わずら》う人も出てくるなど、複合的な要因が重なっていきます。家族の中で何か不幸が起き、自分自身もストレスにさらされたとき、自分の心の中にあるブレーキワイヤーが本当に「プツン」って切れてしまったんですね、中学校3年生のときに。

私が属していた学校には、非行少年はそんなにいませんでしたが、近所の学校には非行少年が多くて、顔見知りの他校の不良生徒とかがいたんですね。彼らが中学2～3年のときに学校の規則も社会の法律も無視してバイクを無免許で乗り回している姿を見て、私には軽蔑心と、どこか自由で羨ましいなっていう二つの思いがあったんですね。ロックシンガーの尾崎豊さんの影響もあったのか分かりませんけど。

心のブレーキワイヤーが切れたとき、そういう仲間のところに自ら出向いていってしまったんです。「不良」の友達の家に行ったとき、例えばその友達がヨシモトって名前なのに表札にはカワカミとか違う名前があった。複雑な家庭がそこにあって、みんな何か傷を持っている身だった。そこには無条件で自分を受け入れて仲間になるような、独特の温かさがありました。

そういった意味で、社会適応できない、あるいは大学に入ったり普通の社会人として生きていったりすることが難しいなという焦りやストレスから非行に至ってしまった実感があります。

社会的ボンドと非行

野田　ボンド（絆）理論はよく耳にもしましたし、自分が犯罪から離脱して常々感じてきたことです。絆というか、人との関わりっていうんですか。そういうのが少ない人ほど、非行に走るリスクは本当に高まるなと思ってきました。非行に走った後、さらに凶悪な事件を起こしてしまうかどうかも、社会的ボンドに左右されるなと。さらに言えば、10代で不良だった少年が大人になっていく中で、職業的な犯罪者や半グレになってしまうのか否かも、この社会的ボンドに影響される。そのことは、本当に何十例、何百例も目の当たりにしてきました。

　ちなみに私自身が非行に走った暴走族時代、どういった喧嘩相手が一番恐ろしかったか。少年院あるいは少年刑務所に長いこと入っていて、社会に待ってくれる誰かがいない人です。自分のせいで困る誰かもいないし、続けたいって思える仕事もない。言い換えれば社会的ボンドを持たない人は本当に怖かったですね。私も殺されそうになりました。失うものがない人ほど、凶悪な犯罪に走るリスクが高まってしまうと思います。

　この理論には第1から第4まであって、第2に「投資」とありますね。非行に走らなければ維持できる利益があると分かりつつ、軽度の知的障害、あるいは発達特性などで目の前の獲得したい物だけにフォーカスして、周りのことや、その行為をしてしまった後どうなるかが全く目に入らず、非行に走ってしまうケース。これも実際にあって、その場合でも逮捕後、適切なケアや居場所を創出して社会的な絆をいくつか持てれば、成人した後に暴力団や半グレに入るリスクを軽減できるはずです。

ラベリング論と「鏡」に映る自己

野田　ラベリング論も自分の経験に合っています。集団の中で物がなくなったとき、私が非行の前歴を持っているために、実際には何もしてなくても盗ったんじゃないかと疑われたりする。あとは他者や近所の人の視線ですね。暴走族のバイクに乗っていたとき、軽蔑して見られたり白眼視されたりする中で逸脱が生み出されたり、増幅されることがあるなと実感しています。

　鏡映的自己という言葉があります。身の回りの近所の人たちが１００人いるとしたら、98人は私のことを白い目で見ていましたが、実はたった２人だけ、優しい目で僕を見てくれるおじちゃん、おばちゃんがいたんですね。その人たちの目を見ていると、その人たちの瞳の中に映っている私自身は嫌われ者でも白眼視される者でもなく、優しい存在じゃないんですけど、温かい存在として映っているような気がしまして。暴走族のバイクで、マフラーのところに竹やりという音をより大きくする部品があるんですけど、そのおばちゃんの家の前を通るときは、竹やりを軍手で押さえて、迷惑をかけないように。そのおじちゃんとおばちゃんには、ものすごく愛嬌をふりまいて挨拶していました。他の場所では非行少年なんですけど、その人たちの前では、ただの近所の少年であったという。

　自分もラベリングの危険性には注意しています。あるとき、私の施設に性犯罪をやった子を受け入れたのですが、またやってしまわないか、正直心配になるところがあるんですね。普通の子よりも見回りに行く回数を増やしがちになる。このようなときは、なるべく本音でぶつかるようにしています。単に疑うだけなら、信用されてない、決めつけられたって思うかも分からないけど、二度とこんな悲しい事件を犯して、あなた自身もしんどい思いをすることがないようにと考えると、こちらも過度に心配してしまうんだと、本音で伝えるようにしていて。それに対しては相手もそんなに気を悪くすることはないようです。

「誰」が非行に走るのか

野田　（教科書第9章の）「階層と非行」は、何かの文化的経験をすることとの大切さについて触れています。文化的な経験を有する人ほど、警察に関わった経験や飲酒経験が少なかったということですね。これは私自身も本当に実感していることで、自分の地元だけで大体１００人ぐらい暴走族の仲間がいましたが、両親揃っていて、愛されて育って、非行集団に所属した人はやっぱり圧倒的に少なかったんですよね。両親に大事にされて、正月はどちらかの実家に帰って、おじいちゃんおばあちゃんからかわいがられて、あるいは旅行に連れていってもらった経験を持つ仲間は、非行傾向が進んでいなかったです。

　学習理論との関連でいえば、大阪は大阪の不良、堺市は堺市の不良みたいな地域性や、時代ごとの過ごした仲間との間で、歪《ゆが》んだ形ではあるけれども独特の価値観が存在していました。

例えばおじいちゃんおばあちゃんからはひったくりしないとか、仲間の物は盗まないとか、暴走中に女性はバイクの後ろに乗せないとか。そういう、不良には不良のルールが存在していました。

こうした非行集団のサブカルチャーはどこから獲得しているのか。不良の先輩の言動とか、あるいは不良文化をモデルにしたような漫画かな。最近『東京卍リベンジャーズ』が一般の高校生にも影響を与えるくらい流行っていて、僕の息子も不良じゃないけど大好きみたいです。そういう漫画の台詞などにも影響を受けて、形成されていったなと思います。

ある地域の暴走族は仲間意識が強くて話し合えば分かる集団だけど、別のある地域では仲間のバイクまでも盗んでしまう。不思議なことに、都会であればあるほど、後者の傾向が強かったように思いますね。コンクリートジャングルの中で核家族化して、絆が弱かった面もあったんじゃないかな。

非行集団にルールはあるものの、それは脆弱です。絶対に覚醒剤には手を出さないと仲間で決めていたのに、心が折れてしまったとき、複数の仲間が陰で手を出していることが分かったり。そうやってルールが簡単に変わってしまう面もありました。

だから私たちが運営しているホームでは、少年たちに文化的経験をさせていきたくて、不良っぽい子たちと、真面目な子たちも含めて旅行したりしています。こういうふうに大事にされて同じ時間を使ってもらったら、何か裏切ってしまうとき、例えば万引きしようとするときに思い浮かぶ顔がある。野田さんに申し訳ないなとか、あるいは岡邊さんにも悪いな……とか、思い浮かぶ人をたくさん持ってるほど、やっぱり非行を止めることができるんじゃないかな。

　私たちの自立準備ホームで、少年院から出てきた18歳の子が生活していたんですけど、その子がすごい粗暴で、僕たちのホームに来る前に住まわせてもらっていた自立準備ホームでも暴力事件を起こしてしまった。それで僕らのホームに来るときに、その子が学校の元担任にＳＯＳを出しました。するとその元担任が軽トラックをどっかから用意して、私たちの東大阪のホームまで引っ越し屋さんとして荷物を運んでくれたんですね。その子は児童養護施設出身で、親とは暮らせない環境にあったんですけど、助けてと言える大人を持っていた。それは学校の担任だった。その子は中学校で不適応を起こして、児童自立支援施設、少年院に行く形で学校には戻れなかった。だけど、学校の担任教師はずっとその子のことを心配していて。軽トラックを用意したのも、おそらくレンタカー借りたんじゃないかな。そこまでする必要もない、職域を超えていることですが、そういったことが彼の心を温めて、絆となっている。彼は今27歳ぐらいで、立派な塗装の職人になっています。

岡邊　野田さん、どうもありがとうございました。ここからは皆さんに議論してもらいます。

議論のテーマ

非行少年を排除しないために、私、学校、社会には何ができるでしょうか。

＊＊＊

「私」にできること

岡邊　ここでは「私、学校、社会ができること」というふうに三つの主体を書きました。特に私、つまり皆さん自身ですね。そこに最も力点を置いています。

ヨコヤマ　私は、小学校とか中学校にかけて、問題児っていわれる人や、いじめっ子、いじめられっ子に謎に慕われていました。そのときは特に何とも思ってなかったんですけど、親からは「分け隔てなく接しているのがすごかったよ」と言われて。考えてみると、意識はしてなかったんですけど、例えばその人が私に質問してきたときにすぐ答える。その人が問題とされることをしたときにも、「でもこれはこういうことしたけん、悪かったたっちゃない？」と言ったり、「でも誰々って頭の回転速いところあるよね。それがさすがやわ」とか、「駄じゃれいつも面白いよ」みたいな。

きっと保健室の先生やカウンセラーの人とかも、同じような態度を取ってくれるでしょうけど、そういう立場の人がするのと同級生がしてくれるのとでは心理的に全然違うかなと思って。同じクラスの人が認める。だからこそ、その人が私と仲良くしてくれていたのかな。

あと、私は結構いろんな人と仲良くしていたんですけど、分け隔てなく接する人の地位がクラス内で高ければ高いほど、そのクラス全体への影響力も大きいかなと思います。それこそ先生がクラスみんなの前で、その子の運動神経がいいところを認めてあげるとか、今日のこういう態度は良かったねとみんなの前で当たり前のように褒めてあげるとか。クラスでいわゆるカースト上位とされている人とかも、普通にしゃべりかけにいく態度が必要なのかなって。

タケウチ　僕たちは東大生で、あえて傲慢とかいう批判を恐れずに言うんだったら、おそらく理論的にも、経験的にも、僕たちの子どもはすごく恵まれた子になるのかなというふうに、僕は勝手に思っています。そのうえで、自分の子どもたちを、いわゆる非行少年っていわれるような子たちと接触させることを避けてはいけないのかなと、議論をしていて考えました。

二つの理由があります。一つは、恵まれていたり力のある人が比較的世の中の秩序をつくるような今の状況において、自分の子どもがそういう子たちとの接触を一切経ず、例えば法務省に入って法をつくる立場になったらどうだろう。弱者の気持ち、アウトローな世界の人たちの気持ちが分からない人が増えちゃうと、すごく怖い、冷たい世界になっちゃうなという話がグループ内でありました。

もう一つは、ヒラノさんの（Ｓｌａｃｋへの）書き込みですかね。不良じゃない子が受け入れてくれる経験はプラスに働きそうとおっしゃっていたんですけど、僕も同じようなことを考えていました。特に、例えば学校で勉強ができるとか、みんなに人気な子が、分け隔てなく一緒にサッカーしてくれたり、放課後遊んでくれたりする経験。そうやって、自分と違うと思っていた子と友達になれる、同等だと思えることは自己肯定感を上げて、いわゆるボンドみたいなものになるのではないかな、と。

フジワラ　僕は今までのお二人の意見とはちょっと違う角度になって、一番大切なのはやっぱり学び続けることかなと思いました。実際に非行少年と関わる機会がなかったとしても、今回みたいに本を読んだりデータを見たりして、実際の状況、実態を把握すること。確かに非行少年との関わりがなくて、理論に寄りがちかもしれないですけど、それこそ少年犯罪が凶悪化しているとか、そういう根拠のないことを自分が言うことはなくなります。実態を正しく把握することで、それに基づいた対策をきちっと考えられるようになるので、まずは学び続ける姿勢が大事かなと思いました。

岡邊　それは大学を出た後もっていうことですね。

フジワラ　そうですね。大学の中でも、もちろん研究対象として専門分野にする人もいるでしょうけど、社会で生きていくうえで大切だなと今回、特に強く感じたので……。

ナカノ　自分は大学に入ってから精神的にしんどかった時期があって、その後に、うつ病になってしまう人や精神的に体調を崩してしまう人に対する理解がすごく深まりました。中学、高校時代の自分なら「なんで？　頑張れよ」とか思っていただろうに、自分が実際に経験してみると、そううまくいくわけではないことが、理屈ではなく気持ちのレベルで気づくことができて。それはきっと非行とかでも同じで、経験したからこそ理解できることがあると思うのですが、自分にはそれをすることができない以上、学んでくしかないのかな。学ぶことで、そういう現象が実際に存在していることを理解する手立てになるはずだから。自分がそれを経験できない場合は、知識として蓄積していくのが私たち、特に東大生という立場であるからこそできることなのかなと考えています。

岡邊　「学ぶ」というのをもうちょっと具体的にいうと、どういうイメージですか？

ナカノ　当事者、元当事者の話を聞くことはすごく重要だなと思っています。書かれたことよりもリアルな感じがするし。

かつ結構印象的だったのは、自分が関わっているトピックに対しては賛成するのに、いつも取り組んでいる分野と違うことに関する問題が発生すると、拒否感や、心にざわっとした感じが突然生じてしまうという話。例えばさっきの野田さんのご経験。非行少年の更生施設に性犯罪をやってしまった少年を受け入れた際、またやらないかと心配になった、という話に人間味を感じました。自分が特定の問題に取り組んでいたとしても、すべてに対して網羅的な理解ができるわけじゃないって視点に気づいて。ある問題に対して自分を含め全員が１００％寛容な対応を取れるわけではない。それを知ることができたし、そういう視点で物事を見るのも大事なんだなと気づけました。

岡邊　頭では分かるけども、そうはいっても……ってことを自覚するのも大事ですね。

「私」にできないこと

ヒラノ　今までの議論の逆を行くようなんですが、私たちのグループでは、犯罪に手を染めてしまった非行少年に、私たちみたいな当事者ではない人間が気軽に話しかけていいのかを話し合いました。

　例えばチェンジングライフのサイトに上がっていた動画を授業前に見ましたが、その中では、当事者の方が、野田さんも当事者だから話しやすいとか、分かってくれる気がしたと話しています。逆に、私たちのように何も知らない人が話しかけていったら悪影響になるのではないかという迷いがあります。

ムラカミ　私のグループでも、我々が非行少年たちとちゃんと関われるのかという問題が出たのですが、そうやって非行少年との間に壁をつくっているのは自分たちなんじゃないかという話になって。最初にヨコヤマさんがおっしゃったような感じで、普通に接することができると理想的じゃないかという結論になったので、そのことを報告いたします。

アオキ　先ほどの「普通に接することができたらいいね」っていう話は本当にその通りだと思うんですけど、実際に非行歴がある人と、顔も名前も知っている状態で対面したらどうなるかと考えたとき、私はそれを受け入れられる気がしなくて……。やっぱり対面したときは距離を置きたいとしか思えないだろうなって。私みたいな人も多分、社会の中には結構いるのかな。そういう人が非行少年を手伝っても彼らに悪いし、彼らとしても自分の気持ちを分かってもらえず、すごい反発感を覚えると思うんですね。

　だから普通にできる人はどんどん接していって彼らを受容するべきだけど、ちょっとできないという人は間接的な支援をする。例えばそういう支援施設へ援助するとか。そういう間接的なことしかできないのかなって。

岡邊　「あなたができること」という問いに対して、それは濃淡があっていいだろうと。万人に求められるものじゃないだろうってことですね。なるほど。

「学校」ができること

岡邊　「学校あるいは教師ができること」については皆さん自身の学校経験、教師との対面経験なども踏まえながらどうでしょうか？　前回の授業にも多分つながっていますよね、この話は。

キムラ　今までの議論はかなり非行少年側に視点が寄っていると思うのですが、犯罪というものを考えるうえで、被害者の視点をなしに語ることはできないと思います。確かに、非行少年の背景について理解せず被害者だけを擁護するのはメディアでもよく見られる問題の一つですけど、だからといって、「罪を犯したとしても、こういう背景があるから許してやれ」と被害者に迫ることもまた許されないのかな、と。

非行に走ってしまうような背景に対しては共感すべきと思いつつ、一方で、犯罪自体を許していいのかというと、それも難しい。整理し切れてないのですが、一つ言えることは、被害者に「許してやれ」、あるいは加害者に「償《つぐな》え」と要求するのは、両方ともできないんじゃないかって。どういう背景があるのかまでは寄り添えるかもしれないけど、そこから当事者に対して何かを要求することは不可能じゃないかと。それはメディアがまさにやりがちなことというか。「こいつはこういうことをしたから悪い」というラベリングは、また別の意味で許されるべきじゃない。もう一点よろしいですか。

岡邊　どうぞ、続けて。

キムラ　そうは言いつつも、非行少年を「理解する」ことは、すべきことであると思います。「絶対に理解しないといけない」という強制力を持ってはいけないと思いつつも、やっぱり理解はすべきです。先ほどの話のように拒否感がある。罪を犯した方に対して、フラットな視点で見れるかといえば、そうではなく葛藤や悩みが生じる。だけど、その悩みを抱くことは悪いことではないな、と。自分自身も犯罪に対して加担・寄与したかもしれない社会的な側面がある。同じ社会を生きる者としての責任があると考えたときに、自分ができることは何だろうと悩む。そして悩みながらもできることを探る。こういうところから始めていくのが重要なのかなと考えます。

岡邊　なるほど。被害者のことを考えたときに、学校や先生はどうするべきですか。

ナカノ　非行少年、被害者、加害者意識、それと自分の経験を重ねて話したいのですが、自分が中学3年生のときに、クラスに問題児みたいな子がいました。普通に話せるときもあるけど、時々かなり凶暴になったり、周りの人に危害を加えたり。私はその子と隣の席になることがものすごく多くて、普通に接したりもしたのですが、先生と嫌い合っているというか、先生が彼のことをかなり強く排除しようとしている。かつ問題児側も、かなり先生に対して嫌悪感を抱いていて、すごいバチバチだったんです。

その問題児の子が……問題児と言っちゃって申し訳ないんですけど、その子に分け隔てなく接しようとしている子に対しても、反発心をむき出しにしてしまったりして、普通に接することがかなり難しかった。

非行少年に対して分け隔てなく接すること自体は簡単だし、確かにそれがうまくいくことも中にはあるかもしれないけれど、おそらく結構複雑な感情を形成してしまっているので、普通に接してくれることに対する違和感から出てくる問題行動も全然あるな、と。だから、距離の置き方にものすごく難しさを感じます。

話を戻すと、彼の周りの子たちは多少なりとも被害者意識を持ったうえで接しなければいけなかったし、彼自身も自分が加害者であることを理解しつつも、被害者でもあると思っていて、彼を取り巻く全員が悩んでいました。結局彼は（中高一貫校なのに）中学校でやめてしまったので、より複雑な感情のままです……。

岡邊　学校の先生の立場から今の話を受けると、クラス・学校内で被害を受けるような人が出るべきじゃない。それが大前提ですよね。そういうことがあると、いろんな関係性がより複雑になっちゃうし、加害者にとっても良くない。そこを守るのが学校の先生の責務である、という話ですかね。

エンドウ　別の教職科目の授業で聞いた「ナラティブ・アプローチ」が効果的なのかな、と今日の話を聞きながら考えていました。問題を問題として見て、人と問題を分離する方法です。非行は「人を責める」という行為がどうしても生まれてしまいがちな中、人と問題を分離する。学校が教育現場である以上、問題に対して何らかの対処が必要だし、被害者のためにもそうしなければいけない。人と問題を分離したうえで指導する姿勢を徹底していくことが、できることなのかなと思いました。

岡邊　少年院の中でも、まさにナラティブ、新しい語りをつくっていく実践があります。教官が助けていき、共同で人生のナラティブをつくっていく。それが結果として更生とか立ち直りに寄与しているという研究が、『現代日本の少年院教育』[1]という本に載っています。

ヨコヤマ　非行とかが始まるのって大体は（大学以前の）学生の頃ですが、私たちみたいに大学生になってからいわゆる「ヤンチャ」な人に出会うと、印象が先に来ちゃって、「分け隔てなく接して」と言われても、難しいです。

　いわゆる「普通」から「ヤンチャ」に派生する瞬間に周りの大人が態度を変えてしまったり、同級生がラベリングをしてしまったりすると、本人としても孤独を感じると思います。私の経験として、ある日突然「あなたは優等生だもんね」と先生に言われて、私って一人の人間じゃなくて、そういうふうに見られていたんだってガッカリしちゃって。

　その人のことをもともと知っている人が、相手が変わったときにでも認めてあげられるかどうかも大切だなと思います。非行に走った後に出会ったら、分け隔てなく接するのは似たような経験があったりしないと難しいでしょうけど、もともとの知り合いに分け隔てなく接することは割と誰でもできるし、先生が心がけやすいことかな、と。

岡邊　その場合、具体的には何をすればいいのかな？

ヨコヤマ　ある日突然問題を起こしたとしても、その問題を解決したら、次の日からは同じように注意するし、同じところで褒めてあげるし、みたいな。変わり際のときこそ、諦めたり「こういう子だから」と決めつけたりしない態度が必要かなと思いました。

岡邊　これも問題と人を切り分けるっていうとこですかね。なるほど。

質疑応答とまとめ

岡邊　だんだん時間が迫ってきましたね。野田さんに何か質問ありますか？

ヒラノ　質問です。不良グループ内では一種の安心感があるという話に関して、いわゆる社会の中での頼れる大人として、不良グループ内の年長者や先輩を当てはめることは不可能なのか気になりました。

野田　不良グループの中の年長者は、大体が後輩から何かを搾取《さくしゅ》する場合が多くて、安心感があるというのは、やっぱり同世代に対してですね。

岡邊　だから、上の世代を頼ることはなかなか難しいでしょうね。今「搾取」という結構強い言葉が出てきましたが、それがある種、世代間で連鎖しているところもありますよね。

野田　はい、そうですね。

オカモト　教科書の中では「社会的ボンド」には4種類あるとされていますが、非行に走らないようにするためには、その全部が何かしらの形で必要なのでしょうか。それとも、一つでもボンドがあれば非行に走る可能性は少なくなるんですか。

岡邊　これは私が答えましょうか。必ずしも全部が必要というわけではありません。四つある中で、一番重要だと（研究者の）ハーシが強調しているのは最後、第4の「信念」です。その信念の土台になるのが愛着だったりすると、そういう構造で説明されています。

　調査票調査をやって、どういうボンドがあればどういうふうに非行が減るかという研究が世界中でたくさんなされていますから、どこがどんなふうに影響が強いか弱いかは、ある程度分かっています。信念が大変重要だということはどの研究でも大体一貫しています。

キムラ　最近、非行に関連して「不登校」が注目されるようになってきていますが、非行少年の傾向は変わってきているのでしょうか？

岡邊　野田さんは、自分の現役の頃と今とで非行の傾向がどこか違うと感じますか？

野田　非行少年はよく「反社会的」から「非社会的」になっているとか言われますが、本当に変わってきているなと思います。非行少年が変わる前に、社会が変わってしまったなと。

岡邊　今の野田さんの話は大事で、何を非行とみなすかを含め、社会の見立てが実は変わった可能性があるということですね。

アオキ　最近話題になっている、少年法適用年齢の20歳から18歳への引き下げが問題であることは納得できるのですが、そう考えたときに、20歳が何の境になるのかなと気になって。20歳と21歳の違いとか、そんなにないじゃないですか。そしたらその「境」ってどうやって考えたらいいのかよく分からなくて……。

岡邊　これも私が答えましょう。確かにその通りでして、最近の犯罪研究だと、脳科学などの生物学的な発想から捉える研究が進んでいます。脳の可塑性、要するに脳の柔軟さは20代の半ばぐらいまではあるようなので、20歳じゃなくて25とかでもいいんじゃないかという議論はあります。

時間になりましたので、ここで締めたいと思います。私の授業の意図としては、今回の問いは皆さんこそが考えるべきだと思っています。

「そんなこと言われても無理じゃない？」という思いがあったかもしれません。それはそれで、ある意味当たり前かもしれません。しかし、こういうことが問題として存在するのを知ってもらうことがやっぱり重要です。皆さんは基本的に、何かを知ったらそれを人に伝えたり、誰かと共有したりすることをすごくやりやすい立場にいるはずですから、それをぜひ、今や大学生時代だけではなくずっとやって、その考える輪を広げてほしいです。

授業後レポート

タケウチ　本日の講義の面白かった点として、今までの議題は自分を当事者として過去の経験や友人の話などを参照しながら語れたのに対して、東大生にとって馴染みがなさすぎて考えるのが難しかったことを挙げたい。議論の際も、普段はここにいる人間自体が極めて同質的過去を持つ故に多少のずれさえあれども主張の大枠は皆似ていた。しかし今回はみんなが知らないことだったので、想像を働かせ、よりフラットな視点で考えたからこそ意見の違いが生まれた。

印象的だったのは、私たちが非行少年に関わるべきか否か。今日の議論では結論は出なかったが、両者の意見とも参考になる。私は関わる派で、それは議論でも述べたように強者は弱者のことを知るべきだし、非行少年にとっても強者とのボンドは意義があるだろうから。ただ一方で関わらない派の、「野田さんのように当事者の気持ちを分かっているわけではない私たちが関わっても無意味・悪影響では」という意見も分かる。きれいにまとめにいくようだが、いずれにしろ無関心は良くない。知ろうとすること。知って、そのうえで干渉をするか否かは個人の判断によると思う。知るということは学問も意味するが、野田さんのような一次情報に接触することである。理論では説明できない心の機微や裏事情があるトピックだからこそ、杓子定規にならずあくまで人間の問題というスタンスで臨みたい。

ナカジマ　今回の議論をする中で、「非行少年の苦しみを理解し、社会に内包する努力をしなければならない」「非行に走らせるような社会はあってはならない」という思いがありながらも、ふと私が動かなければならない理由は何だろうかと考えてしまう自分もいた。ある方が発言されていたように非行を生み出す社会に生きる一員としての責務なのか、非行少年を減らして犯罪を減らすという治安面でのメリットなのか、上野千鶴子先生がおっしゃるように恵まれた環境で生きてきた人がなすべき使命なのか。私たちは日々の限られた時間を生きる中でものごとに優先順位をつけるが、その優先順位は自分に関係が深いことほど上位に位置しやすい。だから身近に非行少年がいない私にとっては非行少年のために何かをすること、何ができるかを考えることは、今日の晩御飯を何にするか、または友達の誕生日プレゼントを何にするかといったことよりも優先度が低い、教育学の中でも興味が湧きにくい分野である。日本の政策決定の場にいる人々は裕福な家庭出身の人が多く、身近にもそういう人が多いため裕福な人がどうしたら喜ぶか、得をするかといったことは分かっても（身近でない）貧困家庭がどうしたら助かるかといったことが分かりにくく、その点が、問題を抱えた家庭やその子どもへの支援の乏しさに現れているのではないかと思った。

ノグチ（現職教師）　非行少年を排除しないために私・学校・社会ができることについて、（Ｓｌａｃｋの）ルームでの議論の中で、学校については具体的な手立てが多く出たが、私や社会はなかなか思い浮かばなかった。私や社会がすべきことは重なりも大きく、理解や心がけを求める抽象的な部分に終始し、具体的にするべきことが見えてこなかった。しかし、理解することや、拒絶せず「普通」に接することこそが私や社会に求められることであると感じた。また、社会はそれぞれの「私」の集合体であるし、それぞれの「私」は社会の中で生きていることを考えれば、重なりが大きいことにも納得できた。

　学校がすべき手立ては多く、私や社会ができることが少ないということは、私や社会が学校に頼っている現実を表しているとも思う。学校ですべきとした、少年の話を聞くとか、つながりを持つということは学校でなければできないことではないはずだ。学校にできるのならば私や社会にもできるのではないだろうか。見ず知らずの地域の非行少年に声をかけることは勇気がいることだが、全くつながりのない教師が声をかけるのも同じくらい勇気がいることだと思う。地域や社会の教育力や包容力が、この問題を解決する鍵になると感じた。

エンドウ　野田さんの話はとても印象的だった。こうして非行経験者から直接話を聞くことはなかったので、どういった心持ちで非行に走るのかなどを聞けたのは貴重な経験であった。特に印象的だったのは、唯一野田さんを悪者扱いしなかった近所の人の話だ。これを聞いて思い出した経験がある。私の小学校時代、問題児とみなされていた児童が怒りのあまり、クラス全員の机を倒した。しかし、そのときに一つだけ倒されずに残っていた机があり、それはその児童と比較的仲が良かった児童のものだった。この経験と相まって、いかに愛着というものが非行や問題行動を防ぐ鍵になるのかを実感させられた。

ややや本筋からずれるが、ラベリングについても考えさせられた。この授業を通して、どこか社会的に優位な層が、不利な層に対してあらゆるラベリングをしているように感じることもあった。自分がしているラベリングは適切なのかを振り返り、不適切ならばその別な側面を見出す努力をし、客観性があるのであれば、そのラベリングをポジティブなものにするための行動を伴わせるという姿勢が必要なのだと理解した。ラベリングはときに無意識的であるからこそ、その自覚から始めなければならないのだろう。

オオタ　非行少年について論ずるときに、非行少年の背景などに意識を向ける必要があるが、非行には「被害者」がいて非行は「悪いこと」であるということを忘れてはいけない、という発言がすごく刺さりました。

　教育という分野においてありがちなこととして、個別の事情にフォーカスすると全体を俯瞰する視点を失ってしまうということがある。一方で個別の事情を無視するのも不健全で、結局「どちらも大事」なのだと思います。

ササキ　野田さんの口から語られる不良少年の実情は衝撃的でした。学校に居場所を見つけられずに、また人とのつながりを持てずに非行に走ってしまうというのは、社会の仕組みの歪みを彼らが真正面に背負っているようで、そしてまたその裏返しを自分が生きているように感じられて、なにやら肩身の狭い思いになりました。かつて毎日顔を合わせていたヤンチャ少年たちとは、もうずいぶん会っていません。彼らがどんなふうに生きているのか、もう分からなくなってしまった。彼らはどんな生きづらさを感じて生きているのか。そんなことがなかなか感じ取れないほどに、僕はいま偏った集団の中にいることを自覚しています。

1　広田照幸・古賀正義・伊藤茂樹編（二〇一二）『現代日本の少年院教育——質的調査を通して』名古屋大学出版会。

【第8講】格差と向き合う進路指導

日下田岳史（大正大学）・豊永耕平（立教大学）

＊教科書第10章　進路が実質的に意味する生徒の未来
コラム2　学歴に関するありがちな意見は妥当なのか？

大卒は本当に「得」なのか

日下田　教科書第10章では、教師が進路指導する際に、進学から得られる金銭的な便益や費用に関する正しい情報を持つと同時に、非金銭的な便益や費用について、言い換えれば生徒の適性について、目配りする必要があることを論じました。ただ、教科書に何度も出てくる学歴の「私的内部収益率」って一体何なんだという疑問を持った人は少なくないはずです。今日は収益率に関する説明を補足したうえで、この観点がどういうふうに教育現場で役立つのかという議論を深めていきます。

まず、私的内部収益率（収益率）の定義を確認しましょう。ここでは進路選択で迷っている高校生を想像してみてください。大学に行くべきか、行かざるべきか。で、どっちを選んだら、その人にとって便益があるのか。便益とコストを比較して、より望ましいと思えるほうを選択する。人々はそういう考え方でもって合理的に動いている、という前提を置いて考えます。

もちろん、便益は値札をつけることができるものに限りません。金銭に還元できないもののほうが大事かもしれません。しかし、そういったものはなかなか実証的に示すことが難しいので、ここでは、たくさんのことを可能にする手段であるお金に限定して、便益とコストを議論していきます。便益の代表例は、高卒と大卒の税引き後の賃金格差ですね。高卒よりも大卒のほうが、賃金が高い。いろんな計算の仕方、定義によって金額は変動しますけれども、おおよそ5000万円弱、生涯賃金が高いわけですね。大学進学のために個人的に負担する費用は5000万円よりもはるかに少ないので私的便益のほうが大きいことになりますから、進路選択に迷っている人にとっては大学進学が合理的な選択だと言えそうです。

しかし、この私的便益が手に入る時期が問題なんですね。金銭的な便益が大きくなるのは、進路選択に迷っている若者からすると、だいぶ先の未来なんです。若い頃でも確かに大卒のほうが賃金は高いけれど、そういう便益を実感するのは結構後なんですね。これに対して、進路選択で迷っている人は18歳と若いわけです。20～30年後に大卒の賃金格差が大きくなってくることと併せて考えておかなきゃいけないのは、お金の価値は時間と共に変化することです。「大学へ進学すると20～30年後に大きな金銭的な便益が期待できるよ」と言われても、18歳にはなかなかピンと来ない。18歳の立場に金銭的な価値を揃えて評価したほうがいいんじゃないのか、という発想が芽生えるわけです。

ここで「現在価値に割り引く」という視点を加えましょう。こんな例があります。[1] 今１００万円もらうのと、30年後に１００万円もらうのとどっちがいいか。これは今のほうがいいですよね。利子率が３％、今の時代では現実離れしているかもしれませんが、そう仮定しましょう。今１００万円を受け取って銀行に30年間預金しておくと、複利計算で２４３万円になります。30年後より今もらうほうがよいと考えられるのはこのためです。

逆に考えてみましょう。１００万円を30年間寝かせておくと１・０３の30乗倍になったわけだから、30年前に戻ると、１・０３の30乗で割ってあげればいい。計算すると、41万円になっちゃいます。つまり、30年後に１００万円もらうのは、今41万円もらうのと同じという結論になる。

このようにお金の価値が時間によって変化する点を考慮せずに、投資から出てくる便益を単純に合計していくだけだと、その便益を過大評価することになってしまうわけです。未来の便益の大きさを現在の価値に割り引いて評価する必要がある。

さて、大学教育４年間にわたる費用負担を、人的資本、人間に対する投資プロジェクトとして考えてみましょう。大学教育の私的内部収益率の求め方は、銀行にお金を預けるときと全く同じです。銀行に１０００万円を預金（＝投資）して、預金口座からお金を３年間にわたって引き出していくとします。１年後に５００万円、２年後に５００万円、そして３年後に３００

万円を引き出して口座残高がゼロになる。１０００万円の投資から１３００万円引き出していますね。こんなふうな儲けが期待できる投資プロジェクトだと考えてください。

ここで、利子率。さっきは３％と仮定しましたが、抽象的に「ｒ」という値を使うと、こういう式になります。その後ちょっと展開や整理をするのですが、その過程は割愛します。

最終的に出てきた式Ａを見ると、何だか意味深な感じがしませんか?「現在価値に割り引く」話と「私的内部収益率」が、ここで結びつきます。

$$\frac{500\text{万円}}{(1+r)}+\frac{500\text{万円}}{(1+r)^2}+\frac{300\text{万円}}{(1+r)^3}=1000\text{万円}\cdots\cdots\text{式A}$$

まず左辺の第1項は1年後に引き出す５００万円を、１＋ｒで割っていますね。つまり、１年後に預金口座から引き出す額、すなわち１年後の便益を、投資したその時点の現在価値に割り引きます。そして第2項は2年後に得る便益を、第3項は3年後に得る便益を、それぞれ投資した時点の現在価値に割り引いて評価したものです。これらの合計がイコール１０００万円。この１０００万円が何だったかといえば、投資費用の現在価値ですね。

この式Ａが成立するときにおけるｒを、投資の内部収益率と呼んでいるわけです。[2]

例として銀行の預金の話をしましたが、大学教育にもこの例がそのまま当てはまるんですね。大学教育を受けるために１０００万円投資して、１年後には私的な便益が５００万円、２年後には私的な便益が５００万円、３年後には私的な便益が３００万円得られると。現実の大学教育は４年かかりますが、理屈は全く同じですね。すなわち、大学に行くことのｒが他の投資機会、それこそ預金にかかる利子率などよりも有利だったら、進路選択に迷っている人は、お金を銀行に預けるよりも大学に進学して自分という人的資本に投資したほうがいいだろうという選択になるはずです。

議論のテーマ

①　私的内部収益率についての知識を中学や高校の教師が持つことは、誰にとってどのような意味があるのか論じてください。

②　教科書は「現場で使える」と謳っています。中学や高校の教師が、教科書各章で紹介されている量的データから導かれる様々な知見を現場で使おうとするときに留意すべき点を挙げましょう。

【参考】集合的な事象から導き出される統計的な理解とは、集合に内在するとされる規則性に対する理解である（重田 2003）。[3]

そう遠くない未来、大学志願者数が入学者収容力よりも少なくなるといわれています。この予測を受けて、大卒資格は一部を除いて無意味といった主張がインターネット上で散見されます。学歴には特段の希少価値はないのであって、私的内部収益率もどこか怪しい、そういう声もあるかもしれません。皆さんの中で教職に就く人がいれば、大学全入時代をめぐる様々な意見を学校現場で聞くかもしれません。

そもそも現実には私的内部収益率を計算して進路選択の参考にしようとしている高校生って、多分いないですよね。では、私的内部収益率を考えることにどんな意味があるのか、果たして現場でどこまで役立ち得るのか。

二つ目は、例えば、高校教師が個別の進路指導を行うときを想定してください。私的内部収益率を含む教育社会学の知見を現場で活かそうとする際に留意すべきことはなんでしょうか。

＊＊＊

「私的内部収益率」が役立つケース

ナカガワ　まず①については、他のグループ（のＳｌａｃｋへの書き込み）でもよく見られた意見ですが、金銭的に余裕があんまりなくて大学進学を迷っている家庭、保護者、生徒にとっては、一つの重要な判断基準になるんじゃないかと考えました。その一方で、私たちのグループではマイナスの側面もあるのではという意見が出ました。まず、教員が私的内部収益率を正しく理解していない場合や伝え方がうまくなかった場合、大学進学は必ずその生徒にとって良い、経済合理的に考えれば生徒のライフコースに関係なくこの大学に進むのが良いみたいな、誤ったメッセージを打ち出してしまう可能性があるのではないか。もう一点は、進路選択において、経済合理性のみが判断基準になり得る点です。例えば高３とかの段階で、もうすでにやりたい職業とかが決まっていて就職したい場合でも、経済合理性を考えれば大学に行ったほうがいい、みたいなメッセージを伝えることが果たして良いのか。ただ、生涯を通じてやりたいことが明確に決まっている高３はそこまで多くないかなとも思うので、やりたいことが不明確な生徒にとっては重要な判断基準になるのではないか、と。

②についても少しだけ話します。他の多くのグループでも見られたように、このデータは一般的な傾向にすぎないので、それを目の前の生徒にただ当てはめることは避けるべきという意見が出ました。もう一つ、データが一般的な傾向さえも示していない可能性があるのではないかという意見もありました。データはどうしても古くなるので、それが示す一般的な傾向が現

実に即していないこともあるのでは、ということです。

日下田　いくつか重要な論点が出てきましたね。迷っている人の判断基準になるだろう、しかしながらその使いみちには要注意。私から皆さんにちょっと聞いてみたいことがあります。迷っている人には役立つと言ってくれましたが、そういう人はどういう家庭環境出身で、どんな高校に通っているのでしょうか。

ヤマグチ　「迷っている」には、経済的に厳しいだとか、地理的に行けるところが限定されているといった環境で迷う場合と、生徒自身の気持ちが未熟な場合があるなと思います。自分の行きたい、研究したい分野があの大学にしかないのに……ってときに就職や近い大学にしようかと迷う可能性があると思いました。もう一つが気持ちの迷いで、日本では特に大学を決める以前の高校を選ぶ段階で、ある程度トラッキングされてしまうので、中学3年生の時期に高校やその先に待っている進路を決めることにもなると思うんですけど、私自身もそうだったように、中3って将来のことをそんなに考えられていない。私も部活が強いってだけで別の高校に進学しようとしていて、その高校の進学実績は全然よくなかったので、もしそっちに行っていたら、県内の地方の大学に行っているか、就職しているか、今とは全然違う将来になっていたかもしれません。

　どっちがいいとかではなくて、先生が生徒一人ひとりの気持ちに寄り添ってあげるのも大事だけど、ちょっと一歩離れて、この子のやりたいことかもしれないけど、まだ考えが甘いんじゃないかってところを、それこそ私的内部収益率みたいな考えもあるよ、と示すのも大事なのかなって。

オノ　僕のグループの方が言っていたことですが、迷っている例として、全然元手がないのに奨学金を申請するかどうかで迷っている人。大学の費用は今の状態じゃ払える目処が全く立たない。そこで奨学金を取ってまで大学に入る選択が、経済的にいいのかどうか、そんなふうに迷っている人が具体例として挙げられるかな、と。

恣意的なデータの利用と解釈

ヒラノ　先ほどナカガワさんが、（私的内部収益率が）金銭的余裕がない家庭の判断基準になるんじゃないかと話していましたが、賃金の差が出てきちんと利益が返ってくるのが人生の後のほうになることを知ったら、経済的に余裕がない家庭の場合、すぐに回収できないんだったら大学に送るのをやめるんじゃないかと思いました。

日下田　今の指摘、すごく重要だなと感じます。将来に得られる便益を現在価値に割り引く率であるｒの値は、みんな同じ値を持っているという前提があったんですね。さっき「利子率が３％」という前提を置いて、将来に得られる便益を現在価値に割り引く説明をしましたけど、銀行とかの利子率が３%だとしても、すべての人がその利子率を使って将来得られる便益を現在価値に割り引くかどうかは分からないです。つまり人によってｒの値が違う可能性があります。何によって違うかというと、主に二つあります。まず一つは、その人が置かれた経済的な環境です。経済的な環境が苦しい人はｒを大きく見積もると考えられます。もう一つ、その人の主観的な選好（価値観）も影響しているのでしょうね。『アリとキリギリス』じゃないけれども、アリタイプの人とキリギリスタイプの人では、ｒに対する見積もり方が違うと考えられます。アリタイプの人は将来の価値を高く評価しますので、それほどｒを高く見積もらないでしょう。これに対してキリギリスタイプの人は現在をより楽しみたいので、将来の価値を高く見積もらない。従ってｒを大きく見積もる、というような説明もあります。ｒをすごく大きく見積もる人は大学教育の私的内部収益率を低く評価して、大学進学を選択しないってことがあり得るわけです。[4] 豊永先生、追加点ありますか？

豊永　選好に社会階層差があることを指摘する研究もあります。[5] 高階層（高ＳＥＳ層）の人ほど、大卒の便益をかなり高く見積もっている。逆に言うと、高階層が大卒の便益を高く見積もりすぎているっていう側面もあるかもしれません。

ハヤシ　①と②の両方に関わってくる感じですが、例えば私的内部収益率の考え方を生徒や親に説明するとき、説明する側はデータをもとに発信する形に必ずなってしまいますよね。いかんせんデータって、それを出す側はどのデータを参照するか選んだり、適当に操作したりできる割には客観的な説得力を持ってしまう。それを提示するということは、私的内部収益率に限らないけど、教師側が生徒に対して、ある意味で自分の考えを押し付けるような側面もあるよねって話がグループ内で出ていました。

日下田　データというのは、集団の中に内在している規則性に対する理解であると考えたとき、今、教師の目の前にいる生徒自身の進路に、集団の規則性がどれくらい当てはまるのかどうかって、実はよく分からない。にもかかわらず、最近、親ガチャ論なんていう言葉があるじゃないですか。個人に当てはめると、親がこうだから私の人生もこうだ、そんな決定論的に解釈しちゃう人もいるわけですよね。統計を持ち出すことによって、集団の持っている規則性が個人の人生の中に押し込められてしまうリスクもあるのかもしれません。

豊永　データについてですが、そもそもの大卒の収益率についてですが、７％もあるって提示の仕方でいいかはやや疑問が残ります。私、大学の授業では７％しかないとも言うんですよね。収益率って大卒にめちゃめちゃ有利な形で計算しているんですよ。だって医者がいるし、弁護士がいるし、技術者がいて、その人たちが平均を引き上げている。しかも60歳まで正規雇用を延々と続けるっていう強い仮定を置いて、大卒に有利に出しているんですよね。大卒に有利に出しているにもかかわらず、収益率は７％しかないっていう捉え方もできるって私は授業で結構言うんですね。
　皆さんのＳｌａｃｋの書き込みで『７％もあるんだ』とありましたが、そこら辺も結構、集団か個人かの問題であって、集団で見ると平均がガッて引き上がっちゃうから、あたかも高卒と大卒の格差がめちゃめちゃでかいかのように感じられてしまう。むしろそんなにないんじゃないかっていう反対の見方もできる。だから、むしろ大学進学を迷っている人の判断材料になるだけじゃなくて、大学進学を当然視していて、もう大学行かなきゃいけない、高卒になることはヤバい、みたいなことになっている人を冷却する材料にもなるっていうか。全体として収益率７％もあるって言っていいのかっていうのは、ちょっと日下田さんに聞いてみたかったんですけど、どうなんですかね。

日下田　教科書の議論の前提とは異なる前提からのアプローチで、すごく建設的な見解です。もともと収益率って、限界的な選択に直面している人という想定を置いていますけど、そうじゃない人にとってはどんな意味があるのかっていう議論ですから。
　ここでは、いわゆる入試偏差値が低い大学に行くとどうなるかっていう研究知見が大事になるかもしれません。そういう大学の卒業者には医者とか弁護士になる人ってほとんどいないはずですが、収益率を個人で見るとマイナスになることもあるけれども、平均的に言うとプラスになりますよっていう知見があるんです。それもかなり限定された知見ではあると思いますけど、文系に偏っているとかね。そういった知見も追加してあげると、大学進学を当然視している人にとって、その収益率７％の価値をどの程度のものとして評価するか、判断材料が増えると思います。

豊永　この論点は集団と個人の関係を考えるとき、極めて重要なことだと私自身は思っています。大卒全体の７％って平均が引き上がっているし、偏差値が低い大学でも４％ぐらいの収益率だっていう話なんですが[6]、４％もあるって考え方もあるし、４％しかないんじゃないかっていう見方もできる。両方の取り方があることは重要です。

切っても切れない教育と「お金」

キムラ　もう一点、経済的な論点を教育に持ち込むことが教育の哲学的にどうなのかなっていうか、主観的な感情としてどこまで持ち込めるのか。「お金の話を先生からされたらなんか嫌な気持ちになるよね」って他の方の意見でなるほどと思ったので、その感情をどう整理したらいいのか皆さんにも聞いてみたいなって。

イマイ　嫌な感じがするのは分かりますけど、教育の場にそういう話を持ち込むべきじゃないっていうのも、別に根拠もない思い込みって気がします。もし生徒の周りの親が私的内部収益率のような、お金のことを踏まえて生徒の進路を考えてあげてないなら、教師が唯一そういうことを考えてあげられる存在です。だから僕は、規範でお金の話をしないよりは、どんどんしていいと思います。

ナカジマ　相当なお金持ちじゃない限り、どんな大学、場所、短大なのか、四年制大学なのかも含めて、お金のことを考慮に入れないと進路は決められないでしょうから、するほうがいいとかしないほうがいいとかいうよりも、すべきだとまで思います。

ナカノ　今回の私的内部収益率の指標は、長い目で見たとき大学進学が経済的な利益につながることを示していると私は理解しています。今までの議論も、それによって大学進学をするかどうかを生徒に対して意見するなり、しないなりって話が今までされてきたと思うんですけど、そもそもそれを指標として見ていく社会自体はどうなのかってところに結構疑問があります。

　大学に進んだら割と安泰な将来が得られる構造が日本に定着してしまっているから、この指標だけを見れば、先生としては、高卒で就職するよりかは大学進学を勧めるのが最も典型的なパターンになると思います。でも、それってものすごく単純比較ですよね。その人の性格だったり、やりたいこともあると思う中、学歴社会をそのままどう評価するかを表した指標にすごく感じられました。理想論的な話ですごい難しいのは分かっていますが、学歴と経済をつなげるよりも、もう少し学歴によらない、勉強によらない努力を評価できる仕組みづくりが大事なのかな、と。「高卒して仕事に就くよりも、大学に行ったほうが将来的に安泰だからそっちがお勧めです」って、先生としても多分言いづらいし、それが合理的に示されていることが余計にそれを難しくしてしまっているというか、選択権を狭めてしまっている感じがするので。もちろん大学進学のメリットは提示しつつ、もう少しいろんな生き方を経済的にも許容できる社会ができればいいなと感じながら議論をしました。

日下田　そろそろ時間なので、ナカノさんに応える形で話をまとめますね。

まず、私的内部収益率はお金に特化した指標です。もちろん精神的な便益やコストとか金銭では測れないものもあって、本当はそれらも勘案して高校生は進路選択をしていると理論的には想定されます。教職に就く人にお願いしたいのは、生徒に対する精神的な便益・コストへの気づきを促すような支援です。そうしないと、私的内部収益率という指標一本だけに頼って、何でもかんでも大学行っときゃいいよって画一的な指導になりかねませんからね。

同時に考えるべきことは、教育と経済のつながりの意味合いそのものです。私たちは、好むと好まざるとにかかわらず、生きていくにあたってお金が必要です。稼いでいかねばなりません。必要最低限の賃金を確保していきたいと多くの人は考えていると想定しますが、賃金には個人差があり、稼ぐ人もいればそうでない人もいるわけです。では、賃金の個人差を学歴など指標化できるものでどの程度説明できるのかっていうと、せいぜい3～4割ぐらいだけなんですよ。人々の賃金のばらつきの程度のうち、残りの6～7割は説明できない謎の要素で決まっているってことです。

賃金の決定要因の半分以上は偶然で決まっている。それを「まあ頑張れ、幸運があらんことを」っていうんじゃちょっと寂しいわけです。特に、苦しい状況から脱却して、自立していきたいと願う人にとっては冷たいメッセージです。そこで教育の出番が来るわけですね。大半が偶然で賃金が決まる中、自分の努力で賃金の水準を操作し得るほとんど唯一の手段が教育なんです[7]。

お金の話が学校現場に入ってくると気持ち悪いなって感覚は、確かにいろんなところにあると思います。この教科書を編集するときの公開オンライン会議でも、そういった議論が出てきました。そういう反応は多分、一般的なものなんでしょう。なぜこういう反応が返ってくるのか。一つの説明として、私的内部収益率という集団に内在する規則性を個人に当てはめようとするときの拒否反応の一種として解釈すると分かりやすいのかなと思います。個人の人生をそんな、集団に内在する規則性に当てはめようとすると気持ち悪いですから、と。

だからといって教育と経済を語るのをやめましょうとなってしまうと、苦しい立場にいて、何とか経済的な自立を模索している人にとって、自分の努力でコントロールし得るほとんど唯一の手段をなくすことになりかねません。だから、それはしないほうがいいんじゃないかというふうに私は思います。

授業後レポート

オガワ　私の父親は一定以下のレベルの大学に進学するくらいなら高卒で働いたほうが経済的であるとイメージだけで信じ込んでいた。私がもし父が想定するレベルに達していなかったら進学を諦めなければならなかったかもしれない。そのような状況を想像すると私的内部収益率についての知識を、私の父のような保護者を説得するために教員が知っておく必要性を痛切に感じた。一方で、授業でも挙がったように誰にでも私的内部収益率の話をすればいいわけではないとも考えた。例えば高校の教員から大学による卒業後の収入の違いを何度も言い聞かされたという学生がいたが、そのような指導をすると生徒は金銭面だけを重視した進路選択をするようになってしまうのではないか。その結果として偏差値がより高い大学を目指す人が増えるという縦の偏りが生じる分には問題ないかもしれないが、将来的な収入が高かったり資格を取れたりする医学部や法学部を目指す人ばかりになるような学部間の横の偏りが生じてしまったら生徒本人にとっても社会にとっても損失になる。学費を負担する人（主に保護者）は経済的な話題に関心があるため私的内部収益率の話を積極的にして良いかもしれないが、経済面にそこまで関心や不安がない人に対して必要以上に金銭的な話をする必要はない。誰に対して私的内部収益率の話をするかを見極めることが専門職としての教員の仕事といえるのではないか。

フクダ　私的内部収益率をはじめ様々な統計的データを教員が持っていることにより、進路指導などの際に生徒に対して主観的になりすぎることなく説得力のある指導ができるようになるというメリットがあるのではないかと考えました。一方で、例えば高専卒と大卒、また高卒と短大卒・専門卒の間の賃金格差が、確かにある程度存在するにせよ決定的な差はないことから、経済上の理由などで進学を諦めざるを得ない生徒に対して勇気を持たせることができるようなケースもあるのではないかと思いました。私的内部収益率そのものに関しては、ある程度参考にはなるものの、そこに含めることができない機会費用がかなり巨大かつ多様であるようにも感じました。

キムラ　未来の進路を選ぶにあたって、自分がこう変わりたいという可能性や、将来はこうなるだろうという予測をもとに決定していく以上、金銭的な話に触れないわけにはいかないでしょう。とはいえ、経済的利益と精神的な幸福は必ずしも一致するわけではないため、ある意味で経済的利益と将来の不安定性を天秤にかけているともいえます。さらに、自分の将来がデータによって決定しているという受け止め方は、データを見るときの嫌悪感に結びついており、そのデータの活用の仕方によって、教育的効果を大きく変えてしまうという現実の指摘はもっともです。データには、収集時のバイアスもさることながら、解釈にあたっても活用する側の思想が混じりこむものですので、集合の規則が個々人のすべてを規定するわけではないという事実を理解したうえで、将来を予測する一つの指標として活用できればと考えます。

カトウ　積極的に金銭面の話をする「べき」だとまでは現段階では思えていないのですが、私的内部収益率という考え方そのものは、「現場」のすべての教師が知っておくべきなのではないかと思いました。今関わっている地域の中学3年生が、時期的にちょうど日々高校受験の話をしてくれるのですが、「進学なら○○高校、就職でもいいなら△△高校（に行くようにと先生から言われた）」という発言が、学力中上位層の生徒からしばしば聞かれることが気になっています。学力最上位層は大学進学を見据えて町外の進学校を目指し、下位層は就職を見据えて迷わず△△高校を目指す中で、「迷う」というある種のチャンスに直面している生徒たちに対して適切な進路指導が行われているのだろうかと疑問に思います。中学生は、少なくとも私が想像していた以上に高校卒業後の将来像や家庭の状況に思いをめぐらせながら進路決定をしようとしているからこそ、教師に対しては、上述のような地域に伝わる一昔前の文句を打ち出すのではなく、私的内部収益率やある程度の量的データをインプットしたうえで、「現場」でしかできない専門的な指導を行うことが求められるのではないかと感じました。

ササキ　各個人の合理性について、授業後の質疑応答タイムで先生方のどなたかが、必ずしも大学進学者が合理的な選択をしているとは限らなくて、大学に進学した人も目に見える限られた範囲の選択肢の中で合理的な選択をしているにすぎない、むしろ高卒就職者のほうが合理的な選択をしているかもしれない、といった趣旨のことをおっしゃっていたことが印象的だった。確かに自分の選択を顧みても、高校入学後に志望する大学を決めるときは自分に適していそうな偏差値の大学から選択したにすぎないし、そもそも大学進学以外の選択肢は提示さえされてなかった。また、大学進学以外の選択肢が実質的に消去されたのは高校を選ぶ時点であって、ここでも自分の学力に見合った高校を選んだにすぎない。中学校時点での高校選択が高卒就職という選択肢を消すものであったとは、当時は思いもしなかった。自分の進路選択の過程を見ると、とても合理的に判断したとは思えない。このように進路選択が非合理的に進んでいるとすると、ここにおいて経済的合理性という尺度を持ち出すことは、どの程度意味があるのだろうかと疑問に思った。

ナカヤマ　教科書の中で日本の大学入学者の平均年齢が18歳と書かれていたが、それらの風潮などの根本的なところから社会を変えようとすることも教育機会を増やすうえでは重要なのではないかと思う。今は経済的に困窮しているから就職して、学費を賄えたら進学しようという選択肢を実際に選べるようにしてあげることで、教育格差が少しずつ縮小されていくのではないか。

オオタ　教師が私的内部収益率の知識を活用する、という話の中で「教育の現場でお金の話をすることの気持ち悪さ」という話がありました。私の意見としては、その「気持ち悪さ」の理由は、普段の学校生活では（少なくとも学校側が意識的に）表立たせることのない「経済格差」を生徒たちが強く感じることにあるのだと思います。学校という場は、生徒の各家庭の経済状況・その他出自にかかわらず生徒を等しく扱う、という原則（それも実は曖昧なのかもしれませんが）に基づいているので、お金の話をすることのタブー感はそれを揺るがすことだからだと思います。

オカモト　私的内部収益率などを深く考慮せずに、実際、この「当たり前」を享受している現実に、どれだけ自分が恵まれているのかを再認識した。これは他の回の授業でも実感することだが、自分の恵まれた立場を認識すること、自分にとっての当たり前を疑問視すること・他者に押し付けないことが、特に、多くの背景を持つ生徒と接する教師にとって重要であると考えるようになった。

1　金子元久・小林雅之（二〇〇〇）『教育の政治経済学』放送大学教育振興会。

2　内藤伸浩（二〇〇五）「投資分析　入門の入門　第２回」http://www.pp.u-tokyo.ac.jp/graspp-old/students/board/2009/05/documents/ares_017_p92.pdf（最終閲覧日　２０２３年１月25日）

3　重田園江（二〇〇三）『フーコーの穴　統計学と統治の現在』木鐸社。

4　矢野眞和（一九九一）『試験の時代の終焉　選抜社会から育成社会へ』有信堂高文社　pp.10-14

5　豊永耕平（二〇二三）『学歴獲得の不平等―親子の進路選択と社会階層』勁草書房。

6　島一則（二〇二一）「大学ランク・学部別の大学教育投資収益率についての実証的研究―大学教育投資の失敗の可能性に着目して―」『名古屋高等教育研究』第21号　pp.167-183

7　矢野眞和（一九九一）『試験の時代の終焉　選抜社会から育成社会へ』有信堂高文社　p.18

【第9講】同期生の8割は男性

寺町晋哉（宮崎公立大学）

＊教科書第11章「性別」で子どもの可能性を制限しないために

ジェンダーから自由であることは難しい

寺町　早速ですが簡単な補足をします。教科書では、ジェンダーを、男性か、女性か、または、そのどちらでもないかに分類したりするルールと定義しています。また、男性優位な社会と教科書で記述しましたが、社会の支配的な地位にいる人たちは圧倒的に男性が多いので、そういった形での権力関係があるということが、ジェンダーの分析では欠かせない視点になります。ただし、必ず常にどの場面でも男性が女性を支配しているわけではありません。女性のほうが力を持っている空間や組織もあります。ただ、相対的に見ると社会全体として男性優位ということです。

　男女間だけではなく、一部の男性によるその他の男性支配みたいな、同性内での階層性もあります。単純化して言うと、『ドラえもん』に出てくるジャイアン、スネ夫、出木杉君、のび太の中には結構序列がありますよね。ああいう、男性の中でも「真の男性」とか、その中で支配的な地位に立ちやすい男らしさみたいなものがある。男性の中にも女性の中にもそれぞれの階層性があって、ジェンダーとは男女どちらかだけではなくて、男性内、女性内、それらに属さないものも含めて分析可能な概念になっています。

もう一つ大事なのが、ジェンダーは文脈にすごく依存する点です。例えば知念先生の授業（第6講）で出てきた「ヤンチャ」な子たちの学校では、ヤンチャであることが男らしさ、男性性に必要でしたが、おそらく東京大学に来るような進学校の場合、ああいう男性性ではあまり高い地位は得られないでしょう。もっと他の、勉強ができることや、スマートに人付き合いができることが進学校では支配的な価値観かもしれません。学校や地域だったり、学校段階だったり、あとはその時々の関係によってもジェンダーとは変わりゆくものです。

親や先生たちは、どうしてもジェンダーを伝達する、社会化する側の人間として描かれがちで、僕も教科書では批判をしています。ですがその一方、子どもたちも、というか、私たち自身もジェンダーをその場で形成しています。例えば、児童クラブの男子の関係を描いた『男子の権力[1]』という本があるのですが、そこでは、小学校2〜3年生ぐらいの男子たちがマウントをし続けるんですね。「俺のほうがすごい」って。そういうふうな人付き合いをしてなかった男子も、その関係に巻き込まれることでどんどん染まっていって、自分よりできない下級生や同級生に対して攻撃的なマウントを取るようになる。幼稚園とかでも「それは男子のものだよ」「それは女子の遊びだよ」みたいな形で、子どもたち自身も、その場でジェンダーをつくり続けて、さらに周囲の大人からも影響を受けたりして、ジェンダーを形成していくことになります。

教科書ではそこまで強調しませんでしたが、教育とジェンダーの関係を考えるときに結構難しいのが、ジェンダーバイアスへの共通見解を持つことです。例えば学校で女性の管理職が少ないことに対する評価も、人によって違います。女性の管理職20%の場合、「20%もいるじゃん」と思う人もいれば、「ジェンダーバイアスじゃなくて個人の生き方じゃない？」と受け取る人もいるし、「それは女性の先生が何らかの不利益を被っている」と問題視する人もいる。何をもってバイアスとするのかの基準自体が人によって異なる難しさがある。さらに、何をもって男女平等とするかということも、社会の中ではまだ合意が得られてないといえます。

東京大学は女子学生の割合が過去最高を記録しても未だ2割ということで有名ですが、受験の機会自体は男女平等です。少なくとも都立高校や以前の医学部のような女子差別の入試ではない。制度としては点数が高ければ性別に関係なく合格するという観点で男女平等なんですよね。だから、その2割って数字に対して、まさにバイアスなんですけど、「とりあえず入試の入り口は男女平等じゃないか」と語ることも可能です。「でも、女子が実質的に不利益を被っていますよね」を共通理解とするためには、男女平等をどういう基準で設定するかの合意が必要になりますが、それは教育業界の中でも得られてない。

最後に僕自身の関心をお話しします。ジェンダーってあまりにも自然にその辺に転がっているので、知らない間に自分自身が影響を受けてジェンダー化されたりしていて、自分の生き方を強く反映してしまっています。だから、ジェンダーから自由であることってかなり難しい。人の経験や視野に限界があるんですけど、それを広げるのが学問だったり、いろんな人と出会うことだったりします。

ただ、限界をあまり簡単に批判しちゃうのもよくない。人って間違いを指摘されるとしんどくなってしまいます。ジェンダーの点でステレオタイプがあることが明らかになったとき、そういう自分と向き合うのにしんどさがある。そのしんどさを認めないまま学校現場でジェンダー改善していくとき、教師が矢《や》面《おもて》に立ちやすいんです。教師の人生を無視した形で「こうあるべきだ」と押し付けることは、教育現場に過度な負担を押し付けることにもなりかねません。

　今日の授業でも、いろんな人がそれぞれのジェンダーと対面してしんどくなるかもしれません。同級生のマッチョな（男らしさの）文化があって、男子の自分としてはすごくしんどかったって例もあるでしょうし、逆に、僕も割とそういう人間なんですけど、そうした文化に馴染んできて、今になっていろんなところでマッチョな部分が抜け切れない自分と向き合ったときに、ちょっとしんどいなって感じることもあるでしょう。そういうしんどさも緩やかに共有できるといいな、と。女性のほうがジェンダーによる不利益を被りやすいので、色々としんどい経験があるでしょうけど、男性も自分自身のしんどさ、ジェンダーによるしんどさを共有できるといいかなと思います。

議論のテーマ

①　皆さんが経験してきた／身に付けてきたジェンダーを書き出してみましょう。（1）家族・親族、小中高校・大学、地域社会、大学以外の経験（アルバイト・インターン先など）によって異なる点／共通する点を考えてみましょう。（2）制度や環境だけでなく、教師や児童生徒・学生同士の関係性にも注目してみましょう。（3）グループで共有する際、それぞれで異なる点／共通する点はどんな要因が考えられるでしょうか。

②　教育関係者は①で挙げたジェンダーについて、どのような取り組みをすればよいでしょうか。ジェンダーによって生み出される「問題」を焦点化すると考えやすいかもしれません。

教室環境や制度、あとは先生からの声かけ、子どもたち同士の関係性とか、色々ありますが、皆さんが学校と大学で経験してきたり、暮らしていく中で身に付けたジェンダーを洗い出してください。おそらく共通点もあるとはいえ、バラバラかなと思います。例えば、地域が一緒なのに全然違ったジェンダーだったりする場合、どういう影響があってそうなったのか、みたいにして、相違点と共通点にどんな要因があるかを考えましょう。

　そして余裕があれば、ここで挙げたようなジェンダーについて、教育関係者がどういうふうに取り組んだらいいかも考えてください。例えば「女の子なんだから大学行かなくていいんじゃない?」みたいな声は問題として分かりやすいので、そういう点を焦点化してみて、どういう介入があり得るかを考えてください。

＊＊＊

女性は「待つ性」になっている

ナカノ　私たちは、学校内のちょっとしたジェンダー差別を生むような制度について議論して、盛り上がったのが、男女の名前順をまだ男女別でやっている学校と混合にしている学校の差だったり、制服で女子にもスラックスを導入している学校としてない学校の差だったり。

　別に男女の名前順が混合になったから生活が一変するわけでもないし、女子の制服にズボンがあったとしても、きっと、はかない女子が大多数です。そう感じつつも、意識的に変えようと取り組んでいるのと、全く問題視せず放置しているのではかなり違う気がします。取り組んでいる事実自体が、ジェンダー格差や隠れたバイアスを可視化して、変えていく流れを生むためには大事なのかなと思います。

寺町　ナカノさんの学校も別名簿だったんですか？

ナカノ　別名簿で私はすごい嫌だったんですけど、6年間変わる気配もなく終わりました。

寺町　混合名簿の導入率は自治体によって結構異なります。大都市圏は比較的、特に小学校で混合名簿が多くて、中学校になると少し減るのが全国的な傾向です。九州、特に鹿児島や宮崎は男女別名簿で運用されることが多く、行事などもほとんどの場合それに基づいて男子、女子に分けて並ぶことが一般的です。

　ジェンダーと教育でよくいわれる「隠れたカリキュラム」の一つとして、女の子は常に「待つ性」であると指摘されています。男子が先で女子が後。ただ、例えば体育祭の花形競技になると今度は男子がトリを務めたりして、常に男子が立てられるような状態。これ、おそらく白人、黒人とか、年収の低い人、高い人で名簿を分けてどっちかをまとめて先にしたら、ものすごい論争が起きるはずです。でも、なぜか性別だと僕らは「分けられるものだ」と何となく受け入れてしまっています。ただ、本当にそういう些細なことが日常を構成していくので、パッと目に見えて大きな変化が現れなくても、空間や情報にできるだけ性別を紛れ込ませない意味はあるかなと思います。

ヒラノ　「待つジェンダー」について、私自身、特に小中では健康診断が必ず男子、女子の順番で行われることにすごい疑問を感じていました。以前、先生に聞いた際にも「こういうものだから」ぐらいの扱いしかしてもらえませんでした。

もう一つ、逆に男子になくて女子にあるもののせいで、制度上は男子・女子と明記してないにもかかわらず差別ができている空間が学校にあります。水泳の授業です。女子には、どうしても月1回休まないといけないときがありますが、それにもかかわらず、テスト前には必ず、1回休んだごとに300メートル、補講で泳がなくてはならない制度が高校に存在しました。それも以前、先生に「おかしくないですか?」と聞いたところ、はぐらかされてしまいました。これも男女を明確に区別して書いてはいないものの、制度上、自然と区別されるようになってしまったケースの一つかなと思いました。

寺町　産休を取りたい妊婦を無理やり働かせているようなものなので、あり得ない制度運用ですね。

身体測定に関しては単著（『〈教師の人生〉と向き合うジェンダー教育実践』晃洋書房）に書きました。男女混合で身体測定をやっている中学校があったのですが、僕たちが病院にかかるときの部屋って別に男女別じゃないんですよね。病院では何が担保されているか。個々のプライバシーが完全に保障される空間です。

僕たちは病院でも自由に内科検診や身体測定を受けられますが、学校空間はどうしても「同性だったらまとめてもいいだろう」と雑に考えがちです。男子だけ上半身裸で体育祭に参加させられるような慣習、僕もすごい嫌で。「なんで人の前で身体をさらさなあかんの？」って、すごいしんどく思っていました。身体についてはコンプレックスを抱えやすいので、男女関係なくプライバシーが守られるべきです。その人を大事にするって意味では、やり方次第で男女混合の身体測定でも可能です。分けるにしても男子が先なのも問題ですし、そもそも「同性は一緒でいいだろう」という考え方は暴力的かなって。

制服が隠してくれるもの

イシイ　名簿の話、私の小学校では男女混合でした。中高はもともと私立の男子校だったのが、私が入る10年ほど前に共学化したところで、まず女子が並んでから男性が並ぶ形の名簿でした。混合から入って女子が先の名簿になって、どこもこんな感じなのかなと思っていたら、今日みんなの話で男子からが多いことを知って、ちょっと驚きました。

ちなみにその中高は男子校として50年ぐらいの歴史があったので、校歌に「立派な男になろう」みたいな歌詞が存在したのですが、卒業生からちょっとよくないんじゃないかと意見があったらしく、私の在学中に性別関係なく当てはまる歌詞に書き換えられたのが印象的でした。

寺町　「立派な男」ってどんな男なんでしょうね。名簿も何となく男女混合にしている学校もあれば、ジェンダーに意識を向けて変えているところもあったり。できてないことを批判するのは簡単なんですけど、学校独自の文脈を丁寧に理解して、先生たちに混合名簿であることの意義を伝えて、どう導入すればいいのか考えないといけない。そこをすっ飛ばしてしまうと、先生たちは、ただ批判された印象を受けて、せっかく味方になれそうな人たちがどんどん減ってしまいます。

ナカジマ　私は愛知の学校で、高校3年生のときに混合名簿に変わりました。混合名簿になるって聞いたときはすごいびっくりしたし、4月からどうなるんだろうとみんなの中でも話題になったんですけど、始まってみたら「全然大丈夫じゃん」って感じでした。今までなんで分けられていたんだろうと思うぐらい。一つだけ、混合で並ぶと集会のときに背の高い男子が小さい女子の前に来たりして見えないって問題はありましたが、それを除けば全然問題なく。最初に決められる席が男女ミックスになるので、男子と女子の距離は近くなったかな。

寺町　整列順や座席の配置も全部混合になったんですか？

ナカジマ　はい、なりました。げた箱とかも。ついでに言うと、高3のときに制服も変わって、女子もズボンが選べるようになったりして、選び始めた女子も割といました。女子はすごい共感すると思うんですけど、制服のスカートって冬はめちゃくちゃ寒くて。男子はズボンの下に隠れて色々はいたりできたんですけど、女子はスカートだと難しい。防寒の意味でズボンを選んでいる女子も結構いたので、冬の悩みは解決できたのかな、と。

寺町　性別にとらわれないと言いながらも、だいぶ性別に規定された制服であることも多いですが、少なくともスラックスが用意されていたりするのは大きいですね。ただ、例えばトランスジェンダーの子に対する支援みたいな形で導入しちゃうと、「ズボンをはいている子はそうなんじゃないか」という特別なまなざしが集まる可能性があります。ジェンダーニュートラルというか、ジェンダーレスな制服に変わる流れの中で、学校の中のいろんな性別区分を見直していくことも必要です。

　そうはいっても、例えば男子はスカートをなかなかはけない。それは、男性がスカートをはくことを社会がまだそんなに受け入れてないからです。たとえ学校が大きく変わっても社会が変わらないと、社会が学校に追い付けないようなケースも起こり得るわけです。男性でスカートをはかれている方をＴｗｉｔｔｅｒでお見かけして、僕自身「かっこいいな」と感じる一方、「それはおしゃれだからできているんですよね」とスカートをはく勇気のない僕は思ったりもします。社会と学校の関係を考えて、丁寧に変化していくのが大事なのかなと考えています。

ムラカミ　僕は、もちろん制服のジェンダーへの配慮は必要だと思うのですが、制服そのものの存在は、セーフティネットの意味があるのかなと思っていて。例えば中学校を完全に私服にすると家庭の経済状況とかが如実に分かってしまうので、制服そのものはあってもいいのかなという気がします。マイノリティ（少数派）同士で利害がぶつかることもあって、それがすごい難しいなと最近は思っているんですけど。

寺町　標準服みたいな制服があってもいいのかもしれないですね。貧困もそうですし、今は男性もかなりおしゃれになっていますが、おしゃれやファッションは女性と結びつけられやすいジェンダーの一つなので。

『裸足で逃げる』[2]などを書いている上間陽子先生が、90年代に女子高生のサブカルチャーを研究しています。[3]女子高生のイケイケな「トップ」の子たちと、中学校では大人しかったけど少し離れた知り合いのいない高校で「デビュー」を果たしてコギャルになった子たちと、「オタク」な子たちっていう三つの女子集団があって。コギャルの子たちは修学旅行に制服で行きたがるんですね。なぜかといえば、自分の私服に自信がないから。制服だとある程度のフォーマットが存在して、アイテムや着崩し方で工夫すればいい。ルーズソックスはいて、スカートの丈を短くして、ちょっと第一ボタン開けるみたいな。トップの子たちは、ここぞとばかりにおしゃれができるので制服じゃないほうがいいんですけど、高校デビューした子たちは制服があることで自分のおしゃれに対する鈍さみたいなものを隠せる。

男女関係なく、おしゃれであろうがなかろうが、それで嫌な思いをしなくて済むような学校空間をつくるのが大前提である中で、制服はそういう不安を少し押し隠してくれる効果もあるわけです。制服って校則絡みでバッシングを浴びやすいですが、興味深い機能を持っていたりする。

変化はどのように起きるのか

サカイ　私たちのグループでは、地方から都市部に進学する女子の生活補助について、たくさん議論をしました。というのも、地方から特に東京に進学しようとする女子に対しては、女子は東京は危ないから出したくないとか、県内にいてほしいと言われることがよくあるんですけど、その一つの理由として、女子だと家賃が安価で、かつセキュリティーがしっかりした家を、都会ではなかなか見つけづらいんですよね。

例えば、私の出身県が東京に県人寮を設置していて、家賃も安くてセキュリティーもそれなりにしっかりしているんですけど、男子用だけなんですよね。女子は入っちゃいけない規定があって。何かヤバいことが女子にあったときに責任が取れなくなるからみたいな理由もあると思いますが、そういうふうに、女子が東京で家を探すと家賃をたくさん払ってセキュリティーを固める必要が出てくる。国や大学から払ってもらえる家賃補助が「逆差別」と言われることもありますが、地方から来た女子学生の身としては重要だし、それがないと東京で勉強するのも大変だなと感じることがよくあります。

寺町　地方から東京に出てくる、しかも東京大学にってなったら周囲は割と応援してくれたんですか？

サカイ　そうですね。家族は私立大学だとお金が高いから出せないけど、国公立ならどこでもいいよって。ただ、父親や周囲の男性から時々、「東大に女子が行くと、その後、大変だよ。結婚できないよ」みたいに言われることはありました。

寺町　結婚することが前提の会話ですね。女性の安全については、リスクを実際どう感じるのかで男女差があります。暴行犯の被害に遭っているのは男性のほうが多いんですけど、性被害は圧倒的に女性のほうが多い。そういうニュースを見たり、実際に経験したりしてしまうと、どうしても身の安全を第一に考えないといけなくなる。でも、それが男性にはなかなか伝わりにくいのと、あくまでリスクでしかないことの難しさがある。

東大が女性の家賃補助の取り組みをした際にもバッシングを浴びていました。例えば、先ほどの「男子限定の県人寮しかない」といった現状は度外視されて、「女性を優遇している」と「炎上」したわけです。女性の生活補助、あるいは例えば理系に女性の枠をつくるようなアファーマティブ・アクションと呼ばれる、実質的な男女平等を目指す介入の難しいところです。

例えば一方の性別が一定の割合未満にならないようなクオータ制も、男女平等の「基準」によっては合意が得られない難しさがあります。

あと、「女性ならではの経験」「男性ならではの経験」をいかに丁寧に説明しても、「そんなん女性優遇してるだけやん」みたいな話になったとき、丁寧に議論を重ね、「男女平等の基準」を合意形成してくことの重要性が今の日本では共有されてない気がしています。

男性も暴力にさらされている部分があるので、男性にも何らかの支援は必要かもしれませんが、みんなが安心して暮らせるような社会をつくっていくためにも、それぞれの立場や経験を理解しながら議論を進める必要性がありますね。

フジワラ　ジェンダー不平等だったものが平等な方向に変わっていくきっかけにどんなものがあるかなと考えたのですが、中学生のときに運動会で男子は組体操を、女子はダンスを「全男」「全女」という括りで全員がやっていました。僕の1学年上に、詳しくは知らないのですがＬＧＢＴＱの方がいらっしゃって、一応その学校では男子の扱いになっていたんですけど、その人が全男の組体操をやれないという話になって。男子の中でも組体操なんてやりたくないって人とやりたい人の両方がいて、僕としてはやりたくなかった。男女平等にしようと考える人もいて、その先輩の存在によって何か変わるのかなと思ったんですけど、結局は変わらずに、そのまま別々で組体操とダンスをやって。

あと、僕も制服の変更を経験しています。そのときは女子生徒が校長先生に直接、女子の制服はこういう不便なところがあると伝えたことで変わったみたいです。名簿も途中で混合になったのですが、そのときは県の教育委員会がなるべく混合にしてという通知を高校側に出していました。

これらのエピソードを思い出したときに全部、教員の力で、一から変えたわけじゃないんだなと思って。想像でしかありませんが、教員側としては、自分一人の判断でジェンダーの枠組みとかを変えるのは難しくて、学校の「全男」「全女」とかも、学校の伝統というふうに捉えがちです。それを変えるには、どうしても上の教育委員会に言われたり、逆に下から生徒の意見があったりしないと、きっかけにならない。そう考えたとき、教員自身の力でも物事を変えられるようにする仕組みも大事だし、生徒からの声をすくい上げる機会をつくるのも大事なのかな、と。

寺町　制服を変えるでも運動会の在り方を変えるでも、先生自身の意識というよりは、子どもたちにどう還元できるかを考えることでスムーズに動けるかもしれません。例えば、僕がジェンダー二分法ばりばりの学校に赴任したら、呼称を「さん」付けで統一したり、自分の教室の名簿を男女混合にしたりとかいう個人の実践はできるとしても、それを他の先生にもやってもらえるのか。そういう意義を伝えるのは結構エネルギーのいることです。他の先生に自分の方法について尋ねられたら「すごくいいですよ」と伝えられるけど、尋ねられてもいないのに自分から伝えたら、どうしても上から目線に捉えられかねない。「ジェンダー二分法はこういう問題があるんですよ」とか言っちゃうと、同僚関係もギスギスしたりするので、ご指摘にあった教育委員会による「外圧」のようなものは必要かもしれません。

例えば、僕が大学教員として行くことで、学校側が初めて変われる部分もあります。名簿を変えたり様々な制度を導入したり、教員の中で今まで気づいてなかったことを共有して。教師って一人で動くにはいろんなリスクがあるし、あと忙しいので、ジェンダーの勉強をする余裕もない中でずっと働いています。だから、他者の存在によって変わっていくこともあります。

トランスジェンダーの研究者いわく、学校は常に性別を「男だ、女だ」とカテゴライズする空間なので、トランスジェンダーの子はすごく困るそうです。でも、それを先生や学校に伝えることで、今まで当たり前に二分法で運用していた学校の在り方が変わっていくようなので、子どもたちの存在はやはりすごく大きいのでしょうね。

基本的に先生は、子どもたちがいろんな課題を抱えていることに真摯に向き合ってくれます。丁寧に、地道に学校のジェンダー二分法を変えていくしかないのかな、と。

ナカガワ　私の小学校でも座席は男女混合にしていたのですが、その方法が、まずクラス内に男子だけ入れて、女子は廊下で待っていて、男子が席を決める。その後、女子がクラスに入って男子が廊下に出て、女子が席を決めて、最後にそれを合わせる。

寺町　面倒くさいですね。

ナカガワ　自由に席を選ばせたら男子は男子、女子は女子で固まります。それをある意味、無理やり男女混合にする。でもそのとき、どうしても男女二元論の価値観を押し付けてしまうんじゃないかなって思って。無理やり男女混合にするときって、どうしても男女二元論の考え方が前提となっている気がします。性的マイノリティの生徒への配慮がそれとどう両立できるのか、疑問です。

寺町　子どもたちの実践に任せると同性間で固まります。なぜなら、その前の教育過程で性別をめっちゃ分けていますから。子どもたちは分けるとそれを意識するので、分けられた瞬間、「あなた男ですよ、あなた女ですよ」と周囲からずっと言われ続けることになります。僕たちはつい「男女は違うよね」と思っちゃいますが、そこに至るまでの成長過程でジェンダーがすごい染み付いている。それを少しほぐすために、あえて男女をバラバラに配置するのは一つの介入としてありかもしれない。

先生が男女混合にすることを意識しすぎることで子どもたちを「男女」で分けてしまうと、仮にトランスジェンダーの子がそこにいたとしたら、常に自分の性自認と社会的に割り当てられた性別がずれた形で、しんどい思いをして過ごさないといけない。そういうときは性別で子どもたちを分けずにくじ引きにして、それで同性同士が固まって不都合が生じてきても次の手立てを考えればいい。トランスジェンダーの子がいるかどうか探すのではなくて、全員に必要なことを先生ができるだけ意識する。並び方という単純な物事の運用とはいえ、丁寧に。

ＬＧＢＴＱの中でも、注目されやすいのはトランスジェンダーです。ゲイやレズビアンの子どもたちが抱える課題も数多くあるのに、「ＬＧＢＴＱ」として一緒くたに議論されている現状にモヤモヤしています。

最後にまとめますと、僕が経験してきたのと同じようなジェンダー、未だに生徒会長や応援団長が男子だったという話も聞いて、変わってないんだなと思いましたが、その反面いろんなところで変化もしている。僕は学校教師を対象に研究しているので、変わらない先生たちを攻撃するより、変わっていく先生、変わろうとしている先生たちとどういうふうに歩んでいけるかを考えたいです。今日、すごく丁寧に学校の中でのジェンダー運用を議論していただいて大変勉強にもなりましたし、非常に勇気づけられました。「おまえ、何様やねん」みたいな立場から話してしまいましたけど。

授業後レポート

サカモト　今回の授業では、（チャットツールの）Ｓｌｉｄｏを使って匿名で意見を投稿できたためハードルが低かったのか、たくさんの意見を見ることができて興味深かった。ジェンダーに関してはデリケートな問題でもあるため、匿名での意見のほうが出しやすかったのかもしれない。学問における分析の対象としての「ジェンダー」と、個人の生活に深く関わる「ジェンダー」は、分けて考えるべきではあるかもしれないが、決して切り離すことができない二つでもあると思う。今回感じたように、学問の場においてもジェンダーに関しては配慮すべきであり、まして教育現場ともなればなおさらだ。男女の二分法にとらわれない、それを強調しない、「男らしさ」「女らしさ」を決めつけない、など教育現場で注意すべきことはたくさんある。その配慮が教育現場での当たり前となり、その教育を受けた人が社会の当たり前をつくっていけば、より自由に生きられる社会ができるのではないか。学校は、偏見をつくり出す場であるということは、逆に、偏見をなくす場でもあり得るのではないだろうか。人の考えの枠組みをつくる場だからこそ、考えの枠組みを刷新する場でもあり得ると思う。

エノモト　私自身がセクマイ（性的少数派）として、学校で居心地の悪さを感じる経験を度々してきたので、今日のテーマについてはよく理解できているというつもりで授業に臨んだ。実際、ｓｌｉｄｏで「ほら、今この授業にもセクマイがいる」というようなコメントを見かけたことには、奇妙かもしれないが嬉しい気持ちを抱いた。セクマイに関する話題を扱ううえで、あからさまに差別的な発言をする人は滅多にいないのはもちろん、みな真剣に深く考えているのだということは分かっているつもりなのだが、それでもこのような授業をしている「今この場」にもセクマイがおそらく「実際に」いるのだ、というような実感を常に抱きながらこうしたテーマに向き合う非当事者は多くはないことをこれまでの経験から知っていたので（つまり、不可視化される弱者に関する議論において、その中身はともすると実在の人間に関する話をしていることを忘れて形而上学的な発想でなされる発言ばかりになってしまいがちで、自分がそれに苛立ったり苦しめられたり悲しんだりしていたことが何度かあったということだ。また、これは学生がそうというだけではなく教員の側についても同じことが言えると思っている）、そうした視点も含まれた授業となったのは大変嬉しく思う。

ひとまず、シスヘテロ（性別と性自認が一致した異性愛者）性を前提とした話題を持ち出されるのは差別だとか不快だとか以前に本当に純粋に困るのでそのことは知って、できれば配慮してほしいと思っている。そういう話をする人がこちらに不快な思いをさせるつもりなどないことはよく知っている。悪意やあからさまな差別意識によるものということではなく、ただちょっと想像が及んでいないだけなのだろう。でもそういった想像を少し働かせて他の人に配慮するうえでは、結局自分自身のこれまでの経験をベースにするしかないということもよく分かっている。だから例えばこういう私のコメントが受講者全体に共有されて、今後のいろんな人の人生における想像力のちょっとしたきっかけになってくれればいいなと思っている（などと書くと大袈裟だし、私自身だって自分にとってそれほど深刻でない様々な弱者性や問題にきっと死ぬほど鈍感なんだと思う。日々反省している)。

一方で、自分の中ではジェンダーやセクシュアリティに関する意識は高かったつもりなのに、まだ相当自分でも気づいていなかったジェンダーバイアスは持っているのだろうなとも思わされた。例えば共学校での机の配置で性別をバラバラにすることについて。男性にも女性にも当てはまらない在り方やトランス、その他様々の人々のことを考えると、とにかく「戸籍上男性(女性)であることが理由でこういう配置にされているんだな」とうっすら伝わってくるだけでも不快なものであるはずだ。本人の自認や希望に添うということももちろんなのだが、希望を口に出すほどではないけどほのかに嫌な気持ちになったりする場面もジェンダーに関しては無数にあるはずで、それらを汲み取っていくにはやはり想像力が大切になってくるのだろう。

最後に、一つ授業を通して新たに希望を持てたことがあるので書いておく。ジェンダーやセクマイに関する認知を広げるうえで教育がいかに大切かということは分かっているつもりだったが、それはあくまで「数十年後に成果が出るから」くらいのものだ、というふうにこれまでの私は捉えてしまっていた。しかし、そもそも教育は子どものためだけにあるものではなく大人も常に学び続けることのできる(そうあるべき)存在であること、また教育を提供する側である大人にとっても教育実践とは常に有機的な学びや気づきをもたらす営みであるのだということとに授業を受ける中で気づくことができた。ジェンダーやセクシュアリティに関してはもともと興味があって自分なりにいろんな視点から学んできたつもりだったが、このような気づきはダイレクトに「教育」（教育格差）について扱っている授業だからこそ得られたものだと思う。

タケウチ　進学校の男子、家庭では長男という教育におけるジェンダーとしては一般的に恵まれた立場にある存在である私がこの単元を学ぶことは、子どもをはじめとする、来る将来世代を教育する立場になった際に家庭内のみならず社会的にも有意なことだと感じました。異性恋愛を前提とした会話を今までしていましたが、それすらも嫌な人は嫌だということを今回知って、もっと配慮すべきだったなと思いました。それ以外にも生理の話や女の子は東大行ったら結婚できないと言われるといった実体験など、男子とだけ話していては分からないことを知ることができました。

ナカジマ　ジェンダーの問題では「女子が不利益を被っているが男子や社会は無自覚なので学んで自分のバイアスに気づこう」という文脈で語られることがほとんどだが、もっと男子が被っている不利益にも触れられるべきだと思う。今回の授業でも女子の苦しみは多く意見が出たが、男子の苦しみはほとんど出てこなかったので女子としてはぜひ知りたかった。男子が「男子も男子でつらい」というような発言をすると、「女子よりは明らかに恵まれた立場にいるのに」と批判されることがあるが、どちらのほうが大変かで争うのではなく、どちらもそれぞれに大変なところがあるという前提で、それを社会全体でどう直していけばいいかということに議論が向かうといいと思った。もちろん性的マイノリティの人も含めて。

1　片田孫朝日（二〇一四）『男子の権力』京都大学学術出版会。
2　上間陽子（二〇一七）『裸足で逃げる　沖縄の夜の街の少女たち』太田出版。
3　上間陽子（二〇〇二）「現代女子高校生のアイデンティティ形成」『教育学研究』69（3）pp.367-378

【第10講】 多文化社会を生きる

髙橋史子（東京大学）

＊教科書第12章　日本の学校も多文化社会の中にある

外国ルーツの子どもを支援する

髙橋　認定ＮＰＯ法人カタリバからお二人、ゲストに来ていただいています。宮城《みやぎ》千恵子《ちえこ》さんと渡邉《わたなべ》慎也《しんや》さんです。自己紹介も兼ねてお二人から、カタリバがなさっている取り組みについてご説明いただきます。

宮城　私は外国ルーツの高校生支援事業の現場責任者をしています。２年前にこの新規事業の立ち上げメンバーになったのですが、それまでは岩手県大槌町《おおつちちょう》の被災地の放課後学習塾や、小中高の学校コーディネーターみたいな仕事をしていました。このルーツ事業のチームメンバーは多様なルーツを持った方が多いんですけど、私も最近は沖縄県と東京人のダブルです、ウチナーンチュとナイチャーのダブルですって自己紹介しています。

渡邉　僕は日本と韓国のダブルで、育ちはずっと香港でした。その後アメリカのシカゴとニューヨークで勉強して、４年ぐらい前から日本で教育関係の仕事をしております。２年前にこの事業部が立ち上がる際に、自分自身のルーツの経験、違う文化が混ざり合う体験を通して何かできることがあるかもしれないと思い、ずっと関わっています。

宮城　私たちカタリバは２０２１年で設立20周年になる教育ＮＰＯです。今までに全国で大体１３００の学校と、約22万人の子どもたちと対話してきました。活動の軸はすべての子どもたちが「意欲」と「創造性」を育める社会をつくることで、居場所づくりや学びのサポート、自分らしい将来の選択肢を持てるような出会いと挑戦の場の創出などに取り組んでいます。

今日のテーマである外国ルーツの高校生支援事業についてお話ししますね。まず、外国ルーツの子どもたちとは、国籍を問わずに、両親、またはそのどちらか一方が外国出身である子どもを指しています。ですので、日本国籍だけど全然日本語をしゃべれない子もたくさんいます。外国ルーツと一口に言っても、地域も違えば来日した時期も違うし、家庭の経済的背景や文化的背景も違います。私たちが日々関わっているのは来日５年以内で、ちょっとまだ日本語が難しくて、経済的に困難を抱えている家庭の子たちです。この２年間は都立の定時制高校をフィールドに活動しています。

今、入っている現場は大体、少ないところで３割が、多いところだと9割が外国ルーツの子たちです。それって普通と違う特別な場所だよね、ではなくて、20年後、50年後の日本の未来。なので、支援するというスタンスではなく、高校生も、一緒に入る地域の方々も、学校の先生も、その場に集まる人全員で来るべき未来を考えながら一緒につくっています。

なぜ高校生に絞って活動しているのか。小中学校の支援が足りているかというと、そうではありません。ただ、草の根で活動してきた方々が義務教育課程には多かったり、大人になると就労支援という形でのサービスがありますが、その狭間である高校生世代に対する支援が、現状では足りない。そこで高校の先生方の取り組みを社会で支える仕組みをつくりたい、と日々現場で葛藤しています。

支援体制の不足については、中退率がいわゆる日本の高校生と比べて7倍以上、非正規で就職する率が9倍であるという数字にも現れています。まだまだ正しく把握できていないのですが、高橋先生はじめいろんな方々の働き掛けのおかげで、ちょっとずつ実態が見え始めてきました。例えば、中退率に関しては学業不振が理由でやめていますというのがほとんどと考えられていたのですが、最近の調査では、学校文化や学習スタイルに馴染めなかったことが理由である生徒も多いことが分かりました。

そうした実態があるわけですが、ルーツによる「違い」を社会の強さに変えるために私たちは大きく三つのこと、カリキュラム・コーディネート、人材コーディネート、情報提供に取り組んでいます。

まず、カリキュラム・コーディネートですが、外国ルーツの高校生のキャリアを切り開くうえで、何が必要なんだろうと学校の先生たちと対話しながらプログラムをつくり、学校の授業として実施しています。このプログラム運営は大きな軸です。ただ、行ける学校は限られているので、同時にオンラインでのエンパワーメントプログラム、それに、実験的な取り組みとして、学校内での放課後の居場所みたいなものをつくって、どういう化学反応が起きるのかを見ています。

渡邉　授業づくりについては、各学年、それぞれの段階によって少し変えています。私たちが最初に学校に入ったタイミングで先生方も気にされていたこととして、生徒たちのグループが文化ごとに分かれている現状が見えましたので、1年生の段階では、仲間になることをテーマにしています。自己理解や他者理解を軸にしたプログラムです。

2年生に関しては、お互い同じ場所で暮らす、勉強する仲間として少しずつ認知できるようになったところで、それぞれが進路について考えていきます。可能性を広げることをテーマにして、例えば「センパイトーク」というイベントをプログラムの一つとして開催しています。

3年生は、社会へと一歩踏み出す前に自信をつけてもらうことや、自分が今まで人生の中でどんな価値観を持ち何を考えていたのかを、一つの作品など何かしらの形にすることで、自分を語る力、自分に対して自信を持つ力を育むことができたらいいなと考えています。

次に、人材コーディネート。学校の先生方と専門家との連携も調整しています。外国にルーツを持っている生徒たちが現実的に自分の在留資格のことや進路を考えていく際に、弁護士や行政書士などの専門家に関わる必要が生じます。でも、学校に弁護士がいるわけではありません。そこで、学校だけで抱え込まないで済むように、先生方が外部の専門家と連携できるよう調整役を担うこともあります。また、生徒が専門家につながることへの心理的障壁を下げるために、授業に実際来てもらって説明していただいたり。

そして、情報提供。学校の先生方が外国ルーツの生徒を指導する際に役立ちそうな情報や事例をお伝えすることもあります。

宮城　このようなカリキュラム・コーディネート、人材コーディネート、情報提供という活動を通じて、結局何をやっているんだろうと考えると、それは生徒の葛藤と伴走することです。個人的には、多様性って楽しいことだけじゃなくて今までの常識や当たり前を壊す側面もあると思っています。

かっこいいこと話しましたけど、去年、私たちは大失敗しています。卒業後の進路が未決定の状態で送り出すのはやめようを合言葉に、日本で暮らしてくためにはどうしたらいいのか、日本の枠にはめすぎてしまった。結果、生徒が途中から来なくなったり、反発されたり、うまくいかない部分もあったんです。

その反省をもとに今年度挑戦しているのは、生徒自身がまずどんな教育体験をしてきたのか、自分にどういう潜在的な可能性があるのかに目を向けること。それに付随する形で、日本で暮らしていくためには何ができるだろうかということを考え、私たち伴走する側がキャリア実現に必要な情報や経験を加えていく。そういうプログラムに変更しました。

高橋　活動を具体的にお話しいただいたので、少しイメージが湧いたかなと思います。事前に読んでいただいたことなども併せて議論に入りましょう。

議論のテーマ

① 教科書に掲載されているように外国ルーツの生徒の大学進学率は（高校生全体と比べて）低い実態があります。学校教育のどのような部分が、国籍・言語・エスニシティ・文化による大学進学率の低さにつながっていると考えられますか。家庭（親子）、学校（生徒・教員）、地域（近隣住民）、社会全体など様々な場やアクターを思い浮かべながら、制度と文化の両面から具体的に例を出してみましょう。

② 地域の学習支援教室やＮＰＯと学校の連携など、これまでの学校教育とは異なる取り組みにはどのような意味、可能性、難しさが考えられるでしょうか。グループ内で（Ａ）から（Ｄ）の四つの役割を割り振ったうえで意見交換してください。（Ａ）学校教員、（Ｂ）移民生徒やその保護者、（Ｃ）日本人生徒やその保護者、（Ｄ）地域のボランティアやＮＰ

〇スタッフ。

＊＊＊

国や世代で異なる「同化」プロセス

タケウチ　②について、外国ルーツの家庭は比較的所得が低いので塾に通わせられなかったり、そもそも大学進学を親が望んでいなかったりするのかなと思いました。あとは、言語が通じず手続きができないとか。

高橋　社会経済的地位を左右する要因がエスニシティなのか社会階層なのかはアメリカでずっと研究されていて、どちらの知見も出ている状況です。日本ではそこまでの分析に耐え得るデータが今のところないので何とも言えないのですが、限りある質的研究、量的研究からいうと、日本に来ている移民家庭の多くはいわゆる外国人労働者です。親の学歴が高卒、中卒、あるいは小卒も一定数いるので、教育期待が低い面もあります。

一方、同じ社会階層であれば、移民の背景のない（いわゆる）「日本人」家庭と比べると、外国ルーツの家庭における第2世代の子どもの教育に対する期待は非常に高い傾向があります。同様の現象は他国でも見られています。ただ、親世代は強く教育期待するけれど、進学や進路について子どもに助言や支援をできない、むしろ親のほうが日本語を学べていない状況が多いことなども指摘されています。

ナカノ　親の立場から考えると、学校のお知らせとかを他の日本人家庭と同様に受け取ることができないという意見が個人的に興味深かったです。日本語が不得意で授業についていけなかったり質問ができないという観点は、子どもの立場を想像すれば分かりますけど、親のほうはそうじゃない。教育が本人だけじゃなくて周りにかなり大きく影響されるものだというのは、今までの授業を通してみんな実感したと思うんですけど、親に言語の壁があると教育に対して手助けできないのかなって。

　しかも、親には生徒自身よりも関わりづらいというか、教員が教育上接触する場面も少ない。それは小さなことだとしても、大学進学率とかに結果的には大きく響いてくるのかなと、みんなの話（Slack上の書き込み）を速読してすごく思いました。

高橋　親子の言語習得や文化適応の差については研究でも指摘されていて、第2世代の教育達成に大きい影響を与えていると指摘されています。

　アメリカでは、かつて移民とは時間を経ればみんな「アメリカ人」になっていくモデルが想定されていました。同化理論、メルティングポット（人種のるつぼ）です。ただ、実際にはそうならなかった。社会階層を上昇移動する移民もいれば下降移動する移民もいて、なんでその分岐が起きるのかの研究によると、重要な要素の一つが親子の言語獲得と文化適応の差でした。特に下降移動のパターンに多いのが、親がその国のマジョリティ（多数派）が使う言語を仕事が忙しかったりして全然獲得できず、その国の制度もなかなか理解できないまま子どもだけが成長の過程でどんどん適応していく形。日本だったら、子どもは日本語を習得して学校教育に慣れていくわけです。そうすると親の権威がなくなって、しつけができなくなる状況が起きたり、親が子どもに助言などできないことで親子間の関係が崩れたりして、子どもはホスト社会で差別も含めたいろんな障壁に対して、親の支援を得ずに一人で立ち向かわなきゃいけなくなる。

　これは国内外で非常に多く指摘されていて、日本に住むペルー系移民の貧困家庭の研究によれば、例えば家賃交渉や役所関係の事務を全部、子どもが日本語でしなきゃいけないとか、学校のお手紙とかも子どもが翻訳しなきゃいけないことが負担になって親が学校教育から離脱する。そうすると、子どもは独り立ちするために早く就労する、学校から離脱して早く仕事に向かう、という報告があります。

タカギ　大学入試制度にも課題があると思います。現状、大学入試の制度は、ルーツという点では、一般入試と帰国生入試しかほぼないですよね。外国にルーツがある子どもから見ると、一般入試はまず日本語の理解が追い付かないし、入試の制度が分からないといった壁がある。

一方、帰国生入試は帰国生の枠に自分たちが当てはまらないから、制度上、応募できない。そうやって八方ふさがりになってしまうので、制度設計にも課題があるんじゃないか、と。
髙橋　そうですね。大学入試では、外国ルーツ生徒枠を設けている大学はほとんどありません（数少ない例として、東洋大学などが実施）。高校の場合、大阪や神奈川には外国人特別枠が存在します。ただ、日本に来て２年以内の縛りがあったりするので、来日３年目の生徒はそれに入れず日本人と同じ扱いで、２年以内の子は意外と偏差値ランクが高い学校に入れたんだけど私は３年目だったので諦めましたなんてケースもあります。そのあたりは、まだ制度的に対応できていません。

違う扱いをすることへの違和感

オノ　②について、ＮＰＯの立場からの意見です。限られた資源の中で、どこの学校に支援を割くかが重要かつ難しいと思いました。外国籍の人が多くいる学校に支援の手を差し伸べる形になりますが、当然、外国籍の生徒が一人だけの学校もある。
宮城　私の頭には「合理的配慮」という言葉が浮かんでいます。例えばこども家庭庁のように、文部科学省という単一の組織だけではなく、いろんな省庁が連携して、公的な課題である子どものことを一緒に解決していこうよって動きがあります。その議論の中でも、一つの教室の中に外国ルーツの子もいれば障害を抱えた子もいる。ギフテッドの子もいる。いわゆる普通といわれる子の中でも、それぞれが悩みや課題、つまずきを抱えている。そんな中、誰かを特別視するのではなくて全員が特別視されれば問題がなくなるんじゃないか、みたいな話です。

髙橋　カタリバさんのような組織が学校に入っているかどうかで大きな違いがあるでしょうし、近くに学習支援の教室があっても、それを知っているか、そもそも学校に行っているかでかなりの差が出てしまっていますね。出会いに左右されてしまうところが大きいのが現状かと思います。

限られた資源の中でどこに支援をするかということに関連して、例えば資源が少ない地域に外国籍児童がいたら、タブレットで日本語指導をできるようにしたり、オンラインで周囲とつないだりすることが構想されていますね。オンラインによる個別最適化の流れが、格差という観点で見たときにどう影響するのかについては、かなり議論されているところです。

ヒラノ　私は地域での活動に注目したのですが、そこにはジレンマがあると思います。例えば、地域によっては育成会という組織がまだ根強くありますが、外国人のお母さんを持っているお子さんの場合、育成会の役員を大変だからといって免除してあげるか、平等じゃないからそれでも頑張ってやってもらうか。前者の場合は免除することで地域のコミュニティからも外国籍の家庭が排除されてしまう恐れがあります。一方、後者だと、しなくてもいいような苦労もしてしまう恐れがあるかな、と。

ムラカミ　ＰＴＡなどの役員を選ぶときの配慮についてですが、外国ルーツだから免除してあげるのにはちょっと違和感があります。それは他の要素、例えば一人親は大変そうだから免除ってなると「あれ？」ってなるのと一緒で、できる人がやるような体制にすればいいのかなと考えています。

髙橋　違う扱いをするのがいいのか、平等なのかそうじゃないのかってところですね。とても重要な論点だと思います。

エンドウ　学校教員の視点で考えたのですが、先ほどもあったように個別最適化を進めていくのは大事だなと思う一方、それをしていくと、多分、教員の負担がどんどん増えていきます。そういった面で、ＮＰＯや別の団体の協力を仰げるのは大きいですし、学校の先生だけではできないことが可能になります。でも一方で、学校の方針と違って戸惑うことも出てくるはずです。学校の先生側が頼れる先を実際に知っているかもありますし、知っていたとしても委託しようと思うか。あるいは、委託することによって増える負担もあるんじゃないかという意見もグループ内で出たりして。学校の先生が実際に委託しよう、一緒に協力してやっていこうと進めるには壁があるんじゃないかな、と。

ノグチ（現職教師）　ＮＰＯの指導と、学校で担任の先生なりが進めている指導とが食い違った場合は、結構、難しい状況になってくるのかなと想像しました。情報をちゃんと共有していかないと難しい部分があって、その辺の負担感があるとなかなか踏み出せない学校もあるのかな、と。

宮城　カタリバは20年間、たくさんの学校や先生方と連携する中で、もちろんうまくいかないことも多くありました。先生方のご指導の方針は尊重していますが、私達が外国ルーツの生徒を見ていて分かったことはお伝えしたほうが良いこともありますし、これは腹を割って話さないといけないなと思うこともあります。先生一人ひとりについてまずはできるだけ理解したうえで、私たちが意見をどこまで、どのように伝えるか、そのあたりを丁寧に考えるということは、学校外部の人材に求められる技能かなと思っています。情報共有の仕方も、電話がいい先生もいれば電子メールがいい先生もいらっしゃるし、学校によっては同期されるタブレットでリアルタイムに共有する先生もいらっしゃるんですね。特に連携初期の段階でまだ先生方との関係性が構築できていないときは、情報共有の仕方ひとつとっても、先生方の状況を配慮して、相手にとって負担にならず、こちらにも負担にならないような方法をとるよう気をつけています。

ムラカミ　自分は議論の中で、日本人の生徒の立場から考えたんですけど、そもそも自文化とか異文化という区別をするのが本当に適切なのか疑問です。小学校のときにフィリピンルーツの友達がいたのですが、特に外国ルーツと意識したことはなかったです。もちろんコミュニケーションが難しいときがあったので、当たり前のように他の伝え方とかをしていましたけど、あんまり区別するような意識はなかったです。ラベリング（第7講）とかの話になるかもしれないですが、考えてみてもいい点なのかなって。

髙橋　そうですね。生徒同士の見方や関係性も重要な論点ですね。私は教科書の中で、差異に対する教師のまなざしの研究を紹介しましたが、どの場面で差異を差異として見たほうがいいのか、どの場面でそれが不要なのかはすごく重要な点だと思っています。差異に対するまなざしに関連して、例えば、国籍や在留資格の状態を聞くことは、個人情報保護や差別につながり得るからと学校ではかなり難しいです。そのため調査ができないという大きな障壁があるのですが、教育実践においてもそれらが分からないまま進路指導していると問題が生じることがあります。この在留資格だと奨学金を申請できません、みたいなことが起きちゃうんです。他にも、せっかく入学資格を得られたのに実際は行けないことが分かって対応に困ってしまうとか。

　もちろん、〇〇人だから△△みたいな偏見や差別はよくないことです。ですが、国籍や在留資格、家庭内の言語などの情報は適切な指導、進路保障を行うために必要な情報です。前回の授業のジェンダー、セクシュアリティにも通ずることですが、信頼関係のうえで個人の情報を適切に指導に活かすことが重要ですね。

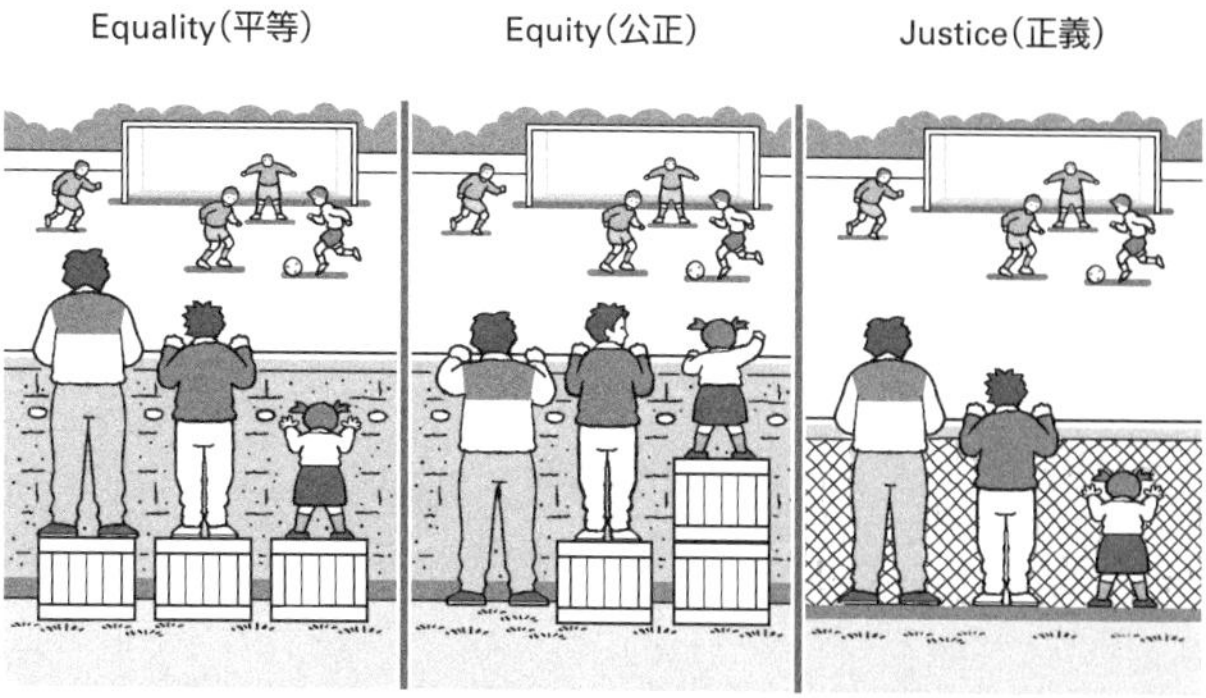

多様性と平等・公正・社会正義

高橋　最後に、研究の中で、何が平等かについて議論の流れがありますので、こちらの絵を見てください。この一番左はEquality（平等）。これが多分、日本の学校教育の中で強い平等観ですね。次に、中央のEquity（公正）。さらには、そもそもこの壁がいけないんじゃない？　という議論もあります。教育でいえば、教育制度の持つ特権性ですね。ある特定の集団に利益が生じやすい制度はいけないんじゃないか、これを誰でも見えるようなフェンス、つまり誰でも見やすい、不利を被りにくい制度にしちゃおうよって考えが右端のJustice（社会正義）。そういった概念を中心に研究が進んでいます。

　それだと特別扱いだとか、いや、必要な差異、処遇だとか、人によって考えは違うと思います。特に学校現場は多様性や多文化に関して葛藤が生まれやすい。そんな中で、カタリバさんは学校の先生方を支援する取り組みをされているので、少しでも現場での葛藤を皆さんにも伝えられたらなと、ゲストにお招きしました。最後に宮城さん、渡邉さん、一言ずつお願いします。

宮城　私はこの仕事をしていて、日々、なんでこの制度ってこうなってんだろう？　みたいな問いと戦っていますし、自分の常識とも戦っています。ここにいる皆さんが社会に出たときに、本気の問い、この問いを解決するために取り組んでいくんだ！　というものに出会えるといいなと思いながら、皆さんの議論を聞いていました。

渡邉　この場にいるみんな一人ひとりが制度をつくる側になるかもしれないってときに、今日の授業が何を前提として「誰」のために何をするのかを考えるきっかけになったのであればよかったと思います。

授業後レポート

ワダ　学校教育はマジョリティ（多数派）に対して行われるのが基本で、今までそれに対してあまり疑問を感じたことはありませんでした。ですが、確かにその中で不利な状況に追い込まれてしまっている人は多いのでしょう。日本の制度自体にも問題があると思います。例えば大学受験においては、日本人ですら一人でやったら間違えてしまうような手続きばかりです。

教師は教える立場にいるとはいえ、どう教えるかというのは最初に研修を受けて学んでいくことですし、最初からすべてのことに対して配慮ができるわけではないと感じます。だからこそ地域の学習支援教室やＮＰＯとの連携は必要だと思います。しかし、連携することで双方の方針が異なっていたり親との認識に齟齬が出てしまったりする可能性があるというのは今日の議論を聞いて初めて気が付きました。

一方で、あまりにもそのような人たちを周囲にも分かるように特別視しすぎるのはどうなのかなとも思いました。私が恵まれた立場にいるからだとは思いますが……。例えば、実際に高校3年生のときに推薦入試を利用する人はマイノリティ（少数派）であるにもかかわらず学年集会という形で時間を3時間程度使ったときは、「どうして少数派のために多数の人間が我慢しなければいけないのだ」という感情に苛《さいな》まれました。そのように周りの同級生から意図しない敵意を向けられることがないように、大人が配慮していくべきだと思いますし、そのような制度設計をするべきだと思います。

タナカ　これまで外国ルーツの子どもの支援＝日本語教育と考えてきたが、カタリバのお二人の話から、大きな見当違いをしていると真正面から突きつけられたように感じた。お二人が、失敗をして活動の姿勢に変更を加えたと話されたが、その変更前の方法がまさに私の想像していた支援だった。

ヨコヤマ　自分の小中学校には外国籍の生徒が比較的多く（学級の5％以上）とても親しくしていた。転入した初めはつたなかった日本語もいつの間にか上手になっていて、不自由なく（分からない単語を尋ねたりしながら）会話ができるようになっていった。勉強も分からないところを日本語で質問できるほどになった。幼かった私はその習得ぶりに疑問を持つことなく過ごしていたが、あるとき友達の一人が放課後に日本語教室に通っているということを知り、私が遊んでいたり宿題をしたりしている時間に、彼女たちは日本語の勉強をしているのかと驚き、尊敬した。

　印象的な出来事として、中学の理科のテストで正答が「水」の発展問題が出たことがあった。そのとき、一人を除いてクラス全員がその問題を正解することができなかった。その正解できた一人が外国籍の子であり、その子のいつものテストの点数は平均点あたりであったため、より印象的であった。彼の解答には「H_2O」とありとても驚いた記憶がある（そのときは水の化学式を学校で習っていなかった）。学校のテストではインプットもアウトプットも日本語でしか行われないことにより、外国籍の子どもたちは今よりよい点数を取る機会や、自己肯定感や周りからの評価が上がる機会が少ないのではないかと思った。

ノグチ（現職教師）　教員として勤務する中で、教育委員会からの様々な調査への回答は、重い事務仕事の一つである。毎年4月に、各クラスの外国籍生徒に関する調査が来る。国名や滞在年数、両親の国籍など、新担任になったばかりの状態でデリケートな質問をすることになり、なかなか大変な調査であった。しかし、教科書にこの調査から作成したと思われるグラフが載っていることに気づいた。あの調査がめぐりめぐって本になり、しかもそれを自分自身が学ぶことになり、感慨深かった。自分が気づいていないだけで、こういった状況は他にも起きていると思う。一つひとつの調査の重要性を感じることができた。

フジワラ　今回のテーマを議論するにあたっては、想像力が欠かせなかったように思います。学歴、ジェンダーなどのテーマにおいては自分たちの当事者意識は強く、実体験から考えることができていました。しかし、今回のテーマでは、まず自分自身が外国ではなく日本ルーツであること、そして、義務教育時代に外国ルーツの友達はいたものの二人だけで、その二人をもってして社会全体の話とするにはあまりに体験が欠如しているということなどから、実体験から意見を出すことはとても難しかったです。授業中の議論でも、具体的な体験に基づく意見よりは、データや客観的事実と思われる事柄から考え出した意見が多かったように思います。ですが、今回のテーマに限らず自分が遭遇していない経験に対して働かせる想像力こそが、私にとっても、社会全体にとっても最も必要なことだと感じました。社会の問題をいかに自分ごととして捉えることができるか、そして自分なりの意見を持つことができるかといったことは、実体験と想像力とが協働して初めて達成されることなのだと思いました。また場合によっては、ボランティアなどとして実際に外国ルーツの子と関わってみるなど、自ら実体験を強化していくという方法も、可能な選択肢だと考えました。

アオキ　今までエスニシティとほとんど関わる機会がほぼなかったと思っていたが、話を聞いているうちに、小中の同級生に一人だけペルー人がいて親御さんと先生の会話には通訳が必要だったこと、中学の隣に外国人学校（主にブラジル人やペルー人が通っていた）があったこと、高校の一番仲の良い友達が中国人だったこと、高校の定時制の生徒に割と外国人がいて部活帰りによく見かけたこと、などを思い出した。自分の周りにはそこそこ文化的多様性があったはずなのに、それに無自覚だったことに驚いた。友達が中国人であることを意識しないのは、一個人として向き合えているということだと思うからいいとして、それ以外は、マジョリティとしての自分の特権性に気づいていなかった事例だと反省した。同時に、外国人学校や定時制は、マイノリティにとって、普通の公立に通うよりも過ごしやすそうに思われるが、マイノリティを集めた学校があると、マジョリティからマイノリティの状況を分かりにくくしてしまう、不可視化してしまう部分もあるような気がした。

イノウエ　外国ルーツの子どもが日本で教育を受けるうえでの壁はかねてより問題視していた事柄だ。私自身が外国ルーツなので、今まで教育上で困ったことを振り返ってみようと思う。

私は5歳から日本で暮らすことになり、静岡の片田舎で高校時代までを過ごした。中国人幼児向けの日本語学習教材はさすがになく、私は自力で語学力を上げることができずに、ただ日常生活を送る中で日本語のシャワーを浴びるしかなかった。そんな中で私は公立小学校へと進んだが、授業の内容やテストの問題が全く分からずいつもポカーンとしていた。学習内容を普通に理解できるようになったのはおそらく小2の終わり頃だったので、周りに比べて基礎となる部分に抜けがあった。

人間関係の面では学校で孤立していた。東京などの大都市は移民の数が比較的多くて言葉が通じる同世代の友人をつくりやすいのかもしれないが、私の場合は周りに中国語を話せる子どもがおらず、日本語で「日本人」と会話することもできずにいたからだ。ほとんどの子どもは私とコミュニケーションを取るのを諦めていて関わってこなかった中で、私のつたない日本語を理解しようと懸命に付き合ってくれたわずかな友人のおかげで完全に孤立しなくて済んだので、彼女らには本当に感謝している。

しかし、何か不利益を被っても言葉で先生に助けを求められない私は、格好のいじめの対象となった。男子の8割と女子の3割が悪口を言ってきて、ひどいときは暴力を振るってきた。私が周りと難なくコミュニケーションを取れる程度の日本語を身につけた後も、いじめのターゲットであることは変わらなかった。中3あたりから私が地域一の進学校に進めるくらいの成績を取っていること（母が教育熱心だったのと、私が勉強カーストで自分を守ろうとしたから）が周知の事実となってからやっといじめは収まった。いじめに耐えていた頃の私は「不登校」という概念を知らなかったのでそうはならなかったし、非行少年らにいじめを受けていて彼らに反感があったので彼らとは真逆の優等生路線に進んだが、今思えば学校生活や勉強が嫌いになったり、日本人自体を嫌いになったりしてもおかしくはない状況だったと思う。全員が全員耐えられるものではないはずだ。私が苦しい状況にあったのは先生たちも気が付いていたと思うが、本気になって解決してくれようとした先生はほとんどいない。私の小中学校は地域の非行少年が集まってくるところで、彼らが学校の中心的存在だった。彼らともうまくやっていく必要がある中で先生たちは私の保護をある程度無視していたように思われる。

外国ルーツとはいっても様々なバックグラウンドの子どもがいるので全員が私のように困っていたとは思わないが、やはり言語の面でフォローしてくれる制度があったほうがいいだろう。

大都市など外国ルーツの子どもが比較的多くいるところでは放課後教室のような居場所をつくって、他の同ルーツの子どもと関わりあいながら日本語の学習をしたり学校の勉強を復習できたら、子どもたちはかなり過ごしやすくなる。そして外国ルーツの子どもが比較的少なくて放課後教室をつくりにくい地域では、子どもたちに放課後教室にインターネットからアクセスして同程度のサービスを利用できるようにするといいのではないか。

【第11講】部活の意義

山本宏樹（大東文化大学）

＊教科書第13章　特別活動と部活動に忍びよる格差

山本　教科書第13章を担当した山本です。今日は二つの議論のテーマを用意しました。まずは教科書の内容を振り返るために一つ目のテーマから議論しましょう。

議論のテーマ①

教科書第13章では、部活や学校行事、生徒会活動などをめぐって、多岐にわたる「格差」を取り扱いました。様々なデータを紹介しましたが、生活実感とはマッチしていたでしょうか？　マッチしていない部分があったとしたら、それはなぜでしょう。

＊　＊　＊

学校における名誉格差と部活動

イシイ　教科書には部活動をめぐる格差の一つとして「人に誇れる部活動とそうでない部活動

がある」という「名誉格差」が挙げられていました。今回の（Ｓｌａｃｋへの書き込みの）議論でも、これに反応している人が多い気がしました。学校ごとに「この部活に入っているから目立つ」とか、逆に「目立つ人がこの部活に入っている」という例を挙げる人が多かった印象があります。

イノウエ　教科書の内容は私の経験とほとんどマッチしていて、グループでのもう一人もそうでした。ただ、他の二人は「本当にこんなことあるの？」という感じで経験とは程遠いようでした。私ともう一人は田舎の不良中学校出身で、女子の場合、スクールカーストに作用するのは属する部活や成績よりも容姿だという点で一致しました。「容姿も成績もいい」「容姿がよくて成績が悪い」「容姿が悪くて成績がいい」「容姿も成績も悪い」の４パターンに分けると、素敵女子・かわいいからＯＫ・ガリ勉・ダメダメな奴という評価を受けました。成績がいい女子でも見た目が良ければ主に男子から良く評価されるけど、そうでないと成績がいいことまでマイナスに取られる。私が通っていた不良公立中学校ではこの風潮がかなり浸透していて、自称進学校である高校に進学するとかなり和らいだけれど存続はしていました。東大に入ってからはほぼ感じたことはないです。

イマイ　家庭の階層による格差については、マッチしていませんでした。中高が割と高ＳＥＳな人しかいない学校だったからかもしれません。逆に、「陰キャ陽キャ」という概念に深く関わる「名誉格差」は、とても実感があります。中3のとき、生物部から突然柔道部に転部しましたが、文化部からの「脱出」みたいな意識が30％ぐらいあったと思います。

山本　大人にとっても子どもにとっても名誉は大事ですよね。例えば、お金がなぜ大事かといえば、お金それ自体に価値があるだけでなく「お金持ち」という名誉称号を得られるからという部分があるわけです。特に子どもの場合、自分で稼いでいるわけではないので、お金の多寡は大人ほど名誉の基準にならない。学校における子どもの名誉や人望の基準はいわゆるコミュニケーション力だったり、恵まれた外見だったり、あるいは知的能力や運動能力だったりするわけです。

そして、どの部に所属するかは、どのカーストだとみなされるかの「原因」であると同時に「結果」でもあります。有力な部活では顧問や先輩からのリクルートや無言の入部拒否圧力があったりします。大人社会でも同じですね。有名企業に就職しやすいのは社会的評価の高い者ですし、有名企業に就職することでその肩書きがまた社会的評価を生むわけです。

スクールカースト上位の生徒が入部することで、その威光を借りる形で部全体のカーストが上昇するというのも、小規模な企業や球団などと似ているように思います。教科書のＱ＆Ａでお勧めした映画『桐島、部活やめるってよ』もそういう話です。バレー部のエースを務めている学園の中心人物が急に部をやめる話になって、学園がパニックになる。そういうふうにカリスマが一人消えることによって部活秩序が変わることもあり得る。

「部に所属することで目立つ」というのは「サッカー部でやれているということは、あのノリについていける人なのだろう」「野球部ということは、あの苛酷な練習に耐えているのか」といった見込みを周囲が持つからでしょう。職業欄に「医者」とか「弁護士」と書くと周囲が息を呑んだりするのと似ています。

ムラカミ　部活のきつさでマウントを取ってくる人もいました。

山本　「きつい部活に入っているが故に俺はかっこいい」と自分を他の人から卓越化するために、しんどいところで歯を食いしばって頑張る人もいます。実は、そのことが部活で体罰が隠《いん》蔽《ぺい》される要因の一つにもなっています。体罰を告発すると「意気地なし」だとみなされて、自身の名誉に差し障るので、我慢比べのようになってしまうのですね。

二極化する帰宅部

ムラカミ　関連して、どういう人が帰宅部になるのでしょうか。「帰宅部＝悪」というわけではないですが、その背景に何があるかを知る必要があると思いました。「生徒を野放しにしておくとよろしくない」という理由で、部活を強制加入にするという運用もあるのかな、と。

山本　教科書ではちゃんと扱えなかったんですけど、いずれの部活にも入っていない、いわゆる帰宅部ってすごく興味深いんですよ。スクールカーストでいうと上位層と下位層に二極化する傾向があります。

上位層の例で言えば、女王蜂（クイーンビー）と呼ばれる女子のトップが帰宅部だったりするわけですね。学校の成績は悪いけど化粧などの美容スキルに長けていて消費社会文化の伝道師として周囲の取り巻き（ワナビー）から模範とされていたり、学校の外に年上の恋人や仲間集団などの居場所があって、その社会関係資本に周囲から羨望のまなざしが注がれていたり。いわば「帰宅」した先で反学校文化を仕入れてきて学校内でそれをばら撒《ま》くトリックスター的な存在です。『桐島、部活やめるってよ』でもそうした女子生徒が「学園のアイドル」として登場します。教科書で紹介した教育社会学者の鈴木翔さんの調査でも、女子で「容姿を褒められる」と答えた割合が最も高いのが帰宅部です。そこまでいかなくても、義務的な雰囲気のある部活を相対化し、その磁場から自立して生きるためには、それを支えるオルタナティブな資本が必要なんですね。学校化されていない労働者階層出身だからこそ、スクールカーストのトップに立つということがあり得るわけです。

一方で、帰宅部にはスクールカースト下位層もいます。部活の技術水準についていけず、あるいは人間関係に馴染めず、終業のチャイムと同時に学校から逃げ去って塾で勉強したり、家庭に帰って一人で黙々とゲームをしたり。いわば、部活動から「吹きこぼれた」帰宅部ではなく「落ちこぼれた」帰宅部たちです。こんなふうに、部活をめぐる名誉格差の両極が帰宅部という形で存在します。

さらにいえば、幼少期から音楽を嗜んでいる生徒が吹奏楽部に入ったところ、うますぎて周囲から浮いてしまい、渋すぎる選曲や練習方法などをめぐって周囲と折り合いがつかずに帰宅部化・幽霊部員化する場合もあります。その生徒の所有する高尚な文化資本が学校の部活で評価されず、むしろ異端視されたりする。やめた生徒からすれば「吹きこぼれ」ですが、他の部員から見れば「落ちこぼれ」たケースですね。学業や生活面では社会経済的に恵まれた家庭の出身者が基本的に有利ですが、部活は中間層出身者が優位な場合も多いので、そういった逆転が起こるわけです。

教師が運動部を尊重するのはなぜ？

ムラカミ　「生徒間の序列は学校教育に対する反抗を基礎にしている部分があり」に共感しました。授業に集中していない生徒に対して「部活とか文化祭がない学校はあるけど、授業がない学校はないでしょ、授業に集中できないのなら部活なしになるぞ」とか言っていた教員のことを思い出しました。

キムラ　私個人の体感では「部活動を頑張っている生徒のほうが、勉強を頑張る生徒よりも上なんだ」という先生も体育系の教師にはいました。生徒間の序列という意味で、科学や芸術といった分野の部活動よりも体育会系が上に感じられるのは、学校の校風、具体的には戦時中とかにおける規律的な指導の要素を強く残していることが原因じゃないかなと思ったのですが。

山本　ご指摘の通り、先生も野球部とかバスケ部、あるいは柔道部などの生徒に一目置いて遅刻してもあんまり叱らないけど、美術部は叱るみたいなダブルスタンダードがあったり。つまり現実には子どもたちの持つ「反学校文化」が教師から追認されている状況もあり得ます。確かに戦時体制下では健康優良児が尊敬されましたし、陸軍現役将校が学校に配属されたことなども校風に影響を与えた部分があります。ただ、日本社会で体育会系が覇権を握っているのは江戸時代以前からで、明治期に公教育が後から来て村カーストで軽視されていた「勉強のできる子ども」に光を当てようとしたというのが実際のところだと思います。それ以来、近代的な「学校文化」とムラ的な「反学校文化」が融和しつつ、せめぎあってもきたのでしょう。部活動は公教育の周縁にある課外活動であるがゆえに、ムラ的なノリが色濃く現れるのかもしれません。だから科学部とか美術部は学校教育の中では正統的地位にあるはずなのに、部活動では往々にして底辺の辛酸をなめていたりするわけですよね。

　なぜ、教師が体育会系の生徒に甘くなるのかという理由にはいくつかあります。まず、先生もスクールカーストの中に巻き込まれていくという構図があります。先生も、生徒のカーストと先生たちのカーストを全部統合した意味での文字通りのスクールカーストの中にいるので、先生側にも例えば「バスケ部の奴らはあんまり敵に回したくないな」とか、いろんな思惑が働くんですね。一人を敵に回して、みんながオセロみたいにめくれて集団で歯向かって来たら先生も太刀打ちできない。先生も規律を維持して学級を統治するために、生徒カーストのトップ層の生徒たちに気をつかって学級経営を行う側面があったり、先生が生徒カーストの磁場に取り込まれて、いじめの片棒を担いで「葬式ごっこ」に加担したり、暴行を「プロレスごっこ」だとして無問題化したりすることもある。

先生の中のカーストも影響しています。生徒に恐れられる生徒指導の先生とか、不良が暴れているときに止められる先生とか、いざというときに役に立つ、頼りになる、あるいは汚れ役を買って出てくれる先生には尊敬される部分や止められない部分があります。そういう意味で、その先生が顧問をしている部活の生徒に他の先生が口を出せなかったりする。生徒が暴れるとそれを抑えられる暴力的な教師が一定の地位を得る仕組みが、学校にはあるのです。

それと高校や私立中学校は入学試験で選抜されているので、教師から見ると学力にそれほど差がないわけで、部活動でも活躍している生徒は偉いといった空気もありますね。体育の先生が体育会系の生徒を高く評価するのは、単に同好の志である生徒に甘くなっている部分もあるでしょうし、勉学と部活の両立の大変さを分かるから大目に見ている部分や、不良生徒がその子なりに頑張っている部分を認めてあげたい、といった気持ちもあるのかもしれません。生徒からはそのあたりの機微は見えにくいものです。

いずれにせよ、そういうふうにして教師の側が部活文化に譲歩することによって、社会経済的に恵まれた家庭出身者が学校で名誉を総取りするような教育格差の一元化を阻む効果もある、というのが興味深いところです。

エンドウ　部活を選択する時点で生徒の性格が分類される側面があって、先生がそれによって生徒への対応を変えている部分もあるのではないでしょうか。例えばサッカー部とか野球部とか、いわゆるスクールカーストで上位になりそうな部活は、一般的な傾向として活発で発言に積極的な生徒が多い。そう考えたとき、教師はそういった生徒を取り込もうと、例えば授業をうまく進めるために発言を促進したりして彼らの性格を活かす。一方で、これもあくまで傾向だと思いますが、比較的穏やかで発言にそこまで活発ではない文化部の生徒に対しては積極的な発言を求めるのではなくて、一対一で対応するとか。そのように性格や特性に合わせて対応していく側面からも、スクールカーストによって教師の対応が変わっている、という見方もあるのかなと感じました。

山本　確かに生徒が各々のパーソナリティによって部活を選択して棲み分けている側面もあると思います。例えば衝動性の高さは発話量と運動能力の両方に影響します。教師もまた自身の生徒理解をもとに実践を組み立てるのが一般的だと思います。ただ、教師が性格だと考えている内向性が、実はスクールカースト秩序によってもたらされている側面があることにも注意が必要でしょうね。生徒はスクールカーストに従って発言権を分配されているのであって、仮に教室が科学的発言に敬意を払われる空間であれば、科学部の生徒はもっと発言しやすくなるでしょう。「教師は子どもの性格や特性に応じた指導を」とよくいわれますが、もう一歩踏み込んで、目の前の子どもの性格や特性が本当のものなのかを見極める必要があるでしょうね。

部活動は企業戦士養成所？

ムラカミ　日本の部活の特殊性は日本の企業の特殊性とすごい類似している点がある気がしています。例えば、なかなか退部できないって話がありましたが、日本の企業も一度入ったら転職するのが事実上すごい難しいですよね。だから、部活が日本社会の土壌になっている、と言えそうだと思いました。

山本　スポーツ系の部活などは、土日もなく際限なく働かされたり、ハラスメントが横行していたりと、確かに企業と共通点が多いですね。部活のノリで働く者が多いせいで企業が部活のようになっている部分もあるでしょうし、一部の企業が部活エリートを重用するだとか、学校にまで浸透した日本的な労働文化が部活を企業のように染め上げているから部活と企業が似てくるといった、複数の因果関係がありそうです。

ノグチ（現職教師）　進路選択、特に就職では部活を3年間続けた事実が評価されます。転部や途中退部は調査書や内申書に響くとされている学校もあるかと思います。

山本　ご指摘の通りですね。部活には2種類の機能があります。一つは教育の機能。十分なエビデンスはありませんが「部活によって非認知能力が育つ」といった指摘がありますし、礼儀作法などが身に付く部活もあるでしょう。ただ、もう一つ選抜の機能もあるんですね。教科書では部活動で身に付けたスキルが将来、直接役に立つことが少ない点を指摘しました。ただ、その一方で「3年間、あのきつい部活をやり遂げた」「集団競技を長く続けてきた」という事実が、ある種の能力のシグナルになることはあると思います。それが学歴と同様の証明書となって就職活動がうまくいく部分もあるでしょう。

教育格差論は競争基準の不平等を問うているか

山本　ここまで、部活動がスクールカーストと呼応しながら学校の人間関係に影響していることをめぐって議論してきました。それを踏まえて、教科書執筆の裏にある私の問題意識を解説します。

『どんぐりと山猫』という話を知っていますか？　宮沢賢治の初期の作品で、国語の授業でやっているかもしれません。どういう話かというと、ドングリが裁判を起こすんです。「誰がドングリカーストのトップにあるんだ」みたいな。ドングリとして優れた資質とは何かをめぐって、「俺が一番頭とんがっているから偉いんだ」ってドングリ、あるいは「一番丸いのが偉いんだ、玉のように光って丸いのが良いんだ」ってドングリもいる。あるいは「大きいのが一番偉いに決まっているじゃないか、俺が一番大きいんだ」とか言って。「それだったら、俺のほうがもっと大きい」とか。そういうふうにしてルールをめぐる闘争をしながら、そのルールの中でも競争をする。複雑なドングリ闘争が『どんぐりと山猫』では繰り広げられるんですね。そして裁判官の山猫が困って人間に助けを求めてくる。

　この話は人間社会を風刺しているわけです。実は学歴社会というのも、競争の陰には競争基準をめぐるせめぎあいが常に存在しています。例えば、皆さんよくご存じの通り「主要5教科」ってあるじゃないですか。試験といえば国語、数学、社会、理科、英語の5教科が大事、これが一番偉いんだ、と。それ以外の美術、家庭、保健体育、音楽、技術なんかは実技教科といわれますけど、いわゆる副教科扱い。主と副が大きく分かれている。

　学問的にこの分け方が正しいというわけでは必ずしもなくて、社会としてそうなっているんですね。さらにいえば、学級活動や生徒会活動などは教科外の特別活動という形で成績は数値化されないですし、部活に至っては課外活動で、子どもたちが自主的・自発的にやっていることになっている。結局、公教育の中心に位置付くのは主要5教科。その外側に副教科があって、さらに外側に教科外活動があって、課外活動が一番外側。それが自明視されていますが、本当にそれが正当なのか、私は気になっています。

だって、例えば古代ギリシャの時代、プラトンがつくったアカデメイアという学校では、むしろ音楽が絶対的に重要で「必須教科の一つとして学ばねばならん」となっていました。アカデメイアの影響を受けている中世の大学でも音楽は非常に重要視されていたんですね。けれど今、音楽はやってもやらなくてもいい余暇活動みたいになっていて、コロナ禍では「唾が飛ぶからやらなくていいよ」みたいに言われたりするわけです。

そういうふうにして結局、教科の中にも正統的なものと正統的でないものがあるんですよね。主要5教科はわりかし論理中心主義的で、庶民は感性を大事にする文化に育っているといわれるので、そういう感性重視の家庭で育った子たちは好成績を取りにくいと指摘されていたりもします。あと実技教科ですね。労働者階級は技術とか図工とか、そういった「手に職」を好むんですけど、それらも副教科扱いです。さらにいえば、各教科の内容も文化的に偏っています。国語は標準語話者向けにつくられており、外国語といえば英語であり、算数は積み上げ式の学習を前提にしており、音楽や美術も幼少期から西洋のクラシックの素養がものをいいます。

部活動は学校の制度的な文化から独立していて、むしろ労働文化や大衆文化と相性が良い。

テレビに出てくるような部活が人気で、科学部や美術部は学校の中ではわりかし底辺層に位置付けられます。でも結局、学校を卒業すると科学や美術で優れている子は博士号を取ったりして、みんなに称賛されたりお金持ちになったりすることもある。卒業までは歯を食いしばっているけど後で逆転して復讐するみたいな面もあります。

何が言いたいかというと、教育格差の前提になっている競争基準自体が文化的に偏ったものであって、そこも問わないといけないのではないか、ということです。教育格差をめぐっては、よく処方箋として「貧困層の子どもに塾代をカンパしてあげましょう」とか「貧困層に魚の釣り方を教えてあげねばならない」などと議論されます。「魚をあげたら、すぐ食べちゃうけど、釣り方を教えたら一生食っていけるね」って。「貧困層に教育やお金を与えてスタートラインを揃えれば、公正な競争でしょ」という主張です。

でも、結局、上流階級が決めたルールは放置、温存されている。つまり「君にも僕たちと同じゲームで戦えるように機会をあげよう」「スタートラインを揃えるから一緒によーいどん！で頑張ろうぜ」って言っている。でも「その競技ルールは上流階級が決めたやつで、俺ら不利じゃん」という論点は抜け落ちている。しかも塾代をカンパしても、受験競争で他の子どもを蹴落とすのであれば、勝者と敗者が生まれること自体は変わらないわけです。それに対して「主要5教科じゃなくて別の分野で勝負しようぜ」とか、よりラディカルに「よーいどん！

じゃねえだろ。競争するから負ける奴が出るんだろ。魚があるなら、みんなで分ければいいじゃん」という考え方も本来はあり得るわけです。

教育格差論は文化資本・経済資本をめぐる格差の議論に偏りがちではないか

山本　そもそも、教育格差で分配の不公正が叫ばれているんですね。「学歴と主観的幸福感には直接的な関係が認められないか、関係があっても大きくない」「11歳時点のＩＱと80歳時点の人生への満足度の間に関連なし」「給料と仕事の満足度には、一般にほとんど関係がない」「貧困が生活満足度を下げることは確かだが、幸福度は世帯年収２０００万円程度で頭打ち傾向」などです。

幸福にとって一番大事な資本は、人間同士の絆、いわゆる社会関係資本だというのが定説です。学歴や収入より、むしろ困ったときに助けてくれる人、人生を一緒に歩いてくれる人がいることが幸福には影響するわけです。「パートナーと手をつなぐと電気ショックの痛みが緩和される」「友人がそばにいると上り坂の傾斜を低く見積もる」といった実験結果もあります。スクールカーストや部活動がこれほどの関心を呼ぶのも幸福感に直結する変数だからではないでしょうか。実際、「日本の小中学生にとっては級友関係の良好さが、幸福感を高頻度で経験する確率を倍増させる強力な変数」だという調査研究もあります。

考えてみると、学校で友達関係をつくるのは、授業ではなく、特別活動や部活動、そして余暇の時間である場合が多いはずです。部活動や特別活動で友達と仲良くすれば、成人後に飲み会をやって思い出話をできたりするわけです。学校における部活動は、子どもの生活の価値基準を多元化し、人間同士の絆をつくらせることで、教育格差の悪影響を緩和する役割を発揮しているとも言えるわけです。

そういう意味で、教育格差の話をする際、親の学歴や収入によって学力格差があるといった話も大事ですけど、社会関係資本の格差が起こってしまうところが大事だと私は思っています。例えば、親の学歴や収入が私立・公立などの学校選択行動を通じて子どもの社会関係資本蓄積にも影響するという点は重要です。実際、私立学校のほうが公立学校よりも部活動をするには恵まれた環境がありますし、豊かな子ども同士が集まって絆を結ぶことで社会関係資本格差が生じます。逆に、部活仲間がどれだけ固い絆で結ばれたとしても、全員無学で貧乏であれば、いざというときに、あまり頼りにはならないかもしれません。社会関係資本は、単に仲良しであることで承認を得られるとか居心地が良いとかいうだけではなくて、仲間の文化資本や経済資本を活用できるという点でも資本といえるわけです。

オカモト　学校間格差はロールモデルを含む社会関係資本の格差にもつながると思うのですが、

その場合、格差を是正するためには、まず、学校間格差をなくさなければいけないということでしょうか。それとも他のアプローチの仕方もあるのでしょうか。

山本　誰がロールモデルになるのか、あるいは何が資本として価値を持つのかは、その文化によるんですね。つまり上流階級では上流階級をまさに体現しているような貴族の息子とか娘とかがロールモデルになるのでしょうし、労働者階級では、親がやくざの組長とか土建業の親分で、荒っぽいんだけども弁も立つし面倒見が良くてカリスマのある人物がいいみたいな。そういうふうに、ロールモデルの意味合いは、それぞれの文化集団で共通性もありつつ、違っていたりします。

そういう意味では、アウトサイダーのロールモデル、ストリートのカリスマみたいな人物が、どの学校にもある程度は存在していて、他の子どもたちのモデルになっている部分はあるのだろうと思います。帰宅部の話で出てきたカリスマギャルなども、その一種と解釈できますが、そうした人物はときにいじめ加害者になったりもするわけで、教育的には危険もはらみます。社会的に望ましい人格や社会関係資本を持った優等生的ロールモデルになり得る子どもは進学時の選抜を勝ち抜きやすいので進学校に集中するはずです。

本当は、それぞれの学校で多様な文化的背景を持つロールモデルや社会関係資本を提供できればいいんです。都立高校では、かつて学校間の学力格差を是正するために、入試にあたって合格者を群内の複数の学校に振り分ける学校群制度を採用していました。当時の教育実践などを読むと、荒れた学校にもカリスマ生徒会長やカリスマ番長がいたりして、他の生徒のロールモデルになっていたりしましたが、現在はそういう生徒たちも偏差値上位校にすくいとられてしまう状況があるのかもしれません。

現代では、ネット空間が、子どもにとって学校の推奨する以外のロールモデルに触れる場になってはいると思います。ただそれが文化的に豊かなものだといえるかどうかは議論の余地があるでしょうね。

議論のテーマ②

次の文章を読んで、どのような感想を持ちますか？　この議論に参加するとしたら何と言いますか？

桜木先生「教科書第13章では部活動重視の学校生活が様々なリスクをはらむことや、社会経済的に恵まれた層が部活動に積極的ではない点が示されている。つまり部活には入らせないか、ほどほどにさせることが、子どものためだ。趣味は大学に合格してから満喫すればよい」

前田先生「本章では多くの子どもが部活動を楽しみにしている点が描かれている。部活でしか得られない学びや名誉や人間関係があり、部活のために学校に来ている子どももいるはずだ。部活熱を冷却して子どもたちを受験競争に一元化させていけば、教育格差はより凄惨なものになるだろう。安易に将来不安を煽らず、部活を頑張らせたい」

インタビュアー「教師が部活動のメリットやデメリットについて情報提供をしたうえで、生徒自身に選択を委ねるというのはどうですか？」

桜木先生・前田先生「それは教師の責任放棄だ！」

山本　桜木先生は『ドラゴン桜』の主人公の教師をイメージしています。超合理的で、学歴獲得のために最短距離を進ませるプロフェッショナルな先生。前田先生は、映画『桐島、部活やめるってよ』の主人公にあたる前田君がモデルです。彼がもし先生になったら、こんなこと言うんじゃないかな、と。二人は両極端な意見の先生で、さらに別の立場のインタビュアーがいて、三つ巴の形になっています。自分はどれに近いか、どれにも当てはまらないとか、これを素材にして議論をしてください。

＊＊＊

「選択の自由」は責任放棄か

サカイ　部活動をさせないほうが良いという考えには反対です。学業がうまくいかない時期があったり、そもそも勉強が苦手な生徒であっても、その他の評価軸を持つことができる居場所として部活動が機能し得るからです。

マツモト　大学が多様な観点で評価するようになってきたので、前田先生の方針が結局合理的になる時代が来るかもしれません。

ムラカミ　高校生に現実を見せるという点で、桜木先生の主張には一理あって、ちゃんと経済的なことにも向き合わせるべきだと思います。逆に、経済的に余裕があるのであれば高校の間は部活に全力投球して、浪人して大学に行くという手もあります。

イノウエ　教師が生徒に部活動に力を入れることのメリットとデメリットを説明して本人にすべてを委ねるのは別に教育放棄ではないですが、生徒が学校生活を送る中で方向転換をしたくなったらできるように支援する姿勢は必要だと思います。

アオキ　生徒が自由に選べればいいのでは。

カトウ　教員個人の体験に基づいた「情報」が提供されるのは学校の目的に逆行する気がします。

イシイ　提供される情報にもバイアスがかかっていますよね。

キムラ　学校の役割は受験か部活かというよりも将来の進路を見据えてどのやり方が適当かを考えることだと考えています。なので生徒個人によって異なるので、一人ひとりの特性に合わせた対応が理想なのかなと思います。

山本　インタビュアーが「生徒に選択させたらいいんじゃないですか」と言ったら先生たちに反論されるところに、多くの方が引っ掛かっているようですね。「子どもの選択の自由」を尊重することが、なぜ「責任放棄」なのかと思われたのではないでしょうか。

実は、先生たちの主張は、どちらも以前の授業（第2講と第5講）に出てきた「意図的養育」の話に近いんです。まず「部活をさせたい」という前田先生ですが、幼少期に保護者から勉学や習い事を強制された経験は皆さんにもきっとあると思います。最初は塾やピアノ教室に通うのが苦痛でたまらなかったけど、嫌々続けているうちに後から醍醐味が分かってきたりすることもある。そこには「尻込みしている子の背中を押してあげる」という意味もありますが、もっと露骨に「飴《あめ》と鞭《むち》で子どもに迫って、外発的な動機付けを最初に与えることで、子どもが自分で内発的な動機を見出して自走を始める」という、これは教育心理学でエンハンシング効果と呼ばれる古典的な教育技術の一つです。実際、ある程度やらせてみないと子どもたちが物事の真価や自分の適性を知ることもできないという側面は確かにあります。教育格差の点で見ても、学校が多様な文化的活動を提供することは、家庭の文化的格差の是正につながります。そういったわけで、前田先生からすると、桜木先生みたいな人が出てくると部活動文化自体が衰退して困りますし、インタビュアーの「選択の自由」論も口当たりのよい「責任放棄」に映るでしょう。

他方で「部活をさせるな」という桜木先生にも一理あって、皆さんもゲームや携帯電話を保護者から禁止されてきたのではないでしょうか。子どもが最短距離で人生の成功をつかむためには、ゲームにかまけるのと同じように、部活にかまけるのは危険な寄り道でしかない。そんなふうに考える保護者や教育者にとっては、部活を制限したり禁止することは「子どもの最善の利益」を追求する論理としてあり得るわけです。「子どもから嫌われる勇気」を持って教育責任を貫徹するのだ、という話です。ただ桜木先生の社会的成功のイメージは、割と「高学歴・高収入」という部分が強いように感じます。自身の世界観を子どもに押し付けることで相応の反発も呼ぶでしょうね。

インタビュアーはリベラルで、一見いいことを言っています。「生徒を子ども扱いすんなよ」って。だけどこれは「自己責任・家庭責任でいこうぜ」という意味の危うさもあるわけですね。

うまく選べる子と選べない子、成功する子と失敗する子が出てきて、その責任をすべて生徒自身が取ることにもなりかねません。しかも「生徒に決めさせよう」といっても、実際はペアレントクラシーなわけです。高学歴の保護者は「遊んでないで塾に行け」と言うかもしれませんし、低学歴の保護者は「あなたがよければ部活なんてせずにゲームしててもいい」と許容するかもしれない。インタビュアーの提案はそのあたりの実情に無頓着です。それに対して、前田先生は「文化的啓蒙には強制的な部活参加が必要だ」と言い、桜木先生は「社会的成功のためには強制的な部活禁止が必要だ」と主張する。ここには「何が子どもの最善の利益なのか」をめぐる闘争が内在するわけです。

　もっとも、皆さんが御指摘の通り、教師の責任の果たし方は押し付けることだけではないはずです。生徒にまず偏りのない情報を提供し、しっかりと選択させたうえで、選択の結果として生じるデメリットを緩和したり、生徒が困ったときに相談に乗ったりするという責任の果たし方があってよいですよね。もちろん、教師がそれを実行するためには、教員の多忙を何とかする必要がありますが。

アオキ　前田先生は「部活でしか得られない学びや名誉、人間関係があって、そのために学校に来ている子どももいるはずだ」と言っています。ここではそれをプラスとして捉えているけれど、私は、それがマイナスにもなるのかなって。短期的に見れば確かに絶対プラスだと思うんですけど……。個人的な経験談になってしまいますが、自分は中高と厳しい部活をやってきて、そしたら、その生き方しか分かんなくなっちゃって。大学に入ってからも厳しい部活に入っているんですけど、それ以外の生き方が分からないというか。だから、逆に選択肢を狭めてしまったのかなとか思っちゃって。このまま自分は将来、企業に入って、先ほど出ていた部活をやめられない感じと同じく、社畜のように働くのかなって。一見プラスに見える部活の名誉とか人間関係も、先ほど部活の選抜機能のお話をされていましたけど、選抜された側にもマイナスに働いてしまうことがあったりするのかな、と。

山本　部活動を通じて「社畜適性」が顕在化するという側面があるんだと思います。部活にはマイナスの学びもあるんですよ。部活は「自主的な活動」という建前で、普通の授業では許されないレベルの負荷がかかったりするわけじゃないですか。その中で、色々学んで新しい自分に目覚めたりすることもあれば、目覚めちゃいけない闇の自分に目覚めていく場合もある。閉鎖的な環境で監督に怒鳴られ続けるうちに、監督の思想を内面化してしまって、ぶん殴られても私が悪いんですってなったり、自分も監督みたいな思考回路になっていくケースがあるんですね。これ、ドメスティック・バイオレンスで被害者が加害者から離れられなくなってしまう構造と似ています。いわゆる認知的整合化や、ストックホルム・シンドロームと心理学で呼ばれる現象のように、加害者への依存が生まれる。ある種の洗脳みたいな形で非常に強い教育効果を果たすがゆえに、そこにはマイナス面もある、と。だから、学生時代に部活を頑張った人が自分も先生になって部活をやりたいとはりきると、結局、自分が学んできたように体罰をしてしまったり、負の連鎖を紡いでいく側面もありますね。他人の敷いたレールに乗って企業戦士として開発されることで収入は増すでしょうが、ある瞬間アイデンティティ・クライシスに陥ってうつ病を発症したり、パワハラで訴えられたりといったこともあるでしょうね。

部活動で教育格差を是正せよ

山本　桜木先生は学歴社会で部活動の経験は不要のものという理解をしています。他方で、皆さんの意見の中には、部活動の経験が企業社会で活かされる部分があるといった指摘もありました。そうだとすれば、部活動は、ＳＥＳによる教育格差を是正する効果を果たす可能性もあるといえるでしょう。いわば「オルタナティブな学歴資本」として部活経験があり得るということだと思います。

他方、前田先生や履修者の皆さんの意見には、そもそも部活動の意義を社会的成功に還元できないものだとするまなざしもありました。実はそれもまた格差を緩和する機能を果たし得ます。獲得した学歴による格差に対して、それ以外の資本、名誉や社会関係資本を補完する働きを部活が持つという点です。いわば「学歴資本のオルタナティブ」として部活経験が機能するという話です。

少子化や地域移行などによって学校部活動は縮小する方向にあります。確かに教員の負担は大きすぎるわけで、現状の在り方を継続することは不可能でしょう。しかし教育格差の是正という観点からは学校部活動には存在意義も認められます。「課外活動だから削ってよい」といった話に終始するのではなく、正課に含める形で教員の部活動指導を正規の労働時間としてカウントするなど、慎重な議論が必要だと思います。

授業後レポート

オオタ　「部活はどのようにあるべきか」に対する自分自身の答えは、抽象的には「中高生の今だからこそできる、その後の人生を豊かにする何か」でした。もう少し具体的には、①成功体験を得ること、②（反対に）挫折をすること、③学校で授業を受けているだけでは知り得ない世界や人たちとのつながりを得ること（世の中が勉強・学歴・収入＝幸福とは限らないことを知る機会）、です。

こうしたメリットを十分に得るには、部活動にはある程度の「活発さ」が必要です。その「活発さ」は生徒によって好き嫌い・適応可能かどうか、があるので一定の正解はないですが、その集まってきた生徒に対して「少しだけレベルの高い活発さ」を与えることが、教育の使命のような気がします。

サカモト　先生もスクールカーストの中に組み込まれているという話が印象的だった。スクールカーストの当事者である生徒にとってどうにもならないことがあったとき、そこから独立した先生が救いの手を差し伸べるという図式は必ずしも成立しないのだと感じた。

ササキ　教科書第13章で紹介されている内容に、これまでの上位層ほど優位であるといった記述とは違って中位層が有利であるといった記述が多いことに新鮮さを感じた。社会階層の上下ではなく階層別に見るとマジョリティ（多数派）となる生徒が優位になる構造はよく考えてみると自然なもので、むしろ人数的にはマジョリティになりにくいはずの上位層が有利になる社会こそが、社会制度の影響を受けて生じたものなのだと思った。ここで、学校と社会の両者で階層性をつくり上げる評価の軸が異なっていると、生徒は努力すべき方向を見誤ってしまうかもしれない。努力すべき方向を学校の生徒内での階層性を駆け上がることに見出すか、社会での階層性を駆け上がることに見出すかという選択肢のどちらに答えを求めるかにおける社会階層ごとの回答の傾向の差が、社会階層間の教育格差につながっているのではないだろうか。この選択肢のどちらを選ぶかには両親の学歴、居住地域などといった、これまで教育格差の授業の中で扱った要素が影響を与えているのだろう。

ワダ　現行のカリキュラム秩序において有利な人というのが存在するという点がすごく印象に残りました。今まで全く意識していませんでしたが、実際に私も標準語話者であり、小学校から積み上げ式学習をしており、早くからピアノを習っていました。運動が得意なほうでも陽キャでもなかったので部活やクラス内での立ち位置は決して高くはありませんでしたが、少なくとも偏差値の高い大学に入学することができたという点においては確実に有利だったと思います。また、現行の秩序において有利不利が生まれる他の例として、早生まれの人はスポーツや学力の面においてより苦労するというものがあると思います。特に中学受験においてはその差が顕著に現れるという話を聞いたことがあります。

ムラカミ　「何もａｐｐｌｅという単語の意味を知らなくたって死にはしませんし幸せになることは可能なはずです」といった呟きを以前のレポートに書いたのですが、今日幸福についてのお話を聞けてこの部分がかなりスッキリしました。やはり「高学歴・高収入が良い」というのは早合点だということ、幸福感に最も影響しているのは社会関係資本だということを言っていただけてモヤモヤが解消された気がします。

もちろん、文化資本や経済資本も間接的に影響していると思います。東大を卒業して安定した職に就けば、経済面などでストレスになる部分が少なく、その点で幸福度が上がり得ると感じました。実際この世の中を生きていくためにお金は不可欠で、だからこそきれいごと抜きに経済的なことに向き合うことが必要です。学歴を得るほうが収入を得やすくなり生活が安定するという社会はしばらく変わらなさそうなので、その差別構造に加担してしまうことにこそなれ、目の前の子どもに学習機会を与えるという活動は対症療法として現実的だろうと思います（社会構造は政府主導で、マクロな観点から変革していきたいものです）。一方で、社会関係資本が幸福度に影響するなら誰もが社会関係から取り残されないようなセーフティネットの構築が不可欠だと感じました。山本先生が指摘されていた通り、学校や部活というのはその点で大きな役割を果たすでしょう。

　今回は部活や特活が議論のテーマでしたが、ここから「幸福」といった大きなテーマを考えることになるとは思いませんでした。多くの人にとって学校生活の大きな部分を占める部活動について、確かに今まで教育論の中ではあまり聞きませんでした。また、部活の在り方が日本社会と結びついているなどの指摘が大変興味深かったです。

【第12講】いじめと対峙する

伊藤秀樹（東京学芸大学）

＊教科書第14章　不登校・いじめは「心の問題」なのか

不登校やいじめが起きる要因

伊藤　議論の前に教科書第14章を簡単に振り返りましょう。まず、不登校については、経済的に厳しい家庭の子どもほど不登校を経験しやすいというデータがありました。実際、子どもを学校に送り出せないような家庭環境への支援がまず必要なケースはあります（詳細は、教科書第14章冒頭のアッシ君のケースとQ&A）。

一方で、不登校の要因には経済的状況以外にも非行、無気力、あとはいじめ以外の友人関係もあります。質問紙調査によると、いじめはほとんど不登校の原因になっていないと教師は思っているけれど、不登校の子どもの回答だと2割5分ぐらいがいじめを原因としています。また、子ども自身が挙げる理由は人間関係が多く、友人や教師との関係の中で不登校になったと回答していて、教師との捉え方が結構ずれている部分もあります。不登校の支援では安心・安全であったり、学習権や人とのつながりの保障であったりを考えていくことが求められます。

次に、いじめです。かいつまんで話すと、「普通」から外れるといじめ被害を受けやすい。

家庭の経済的状況、暮らし向きの話であったり、あとは成績も。普通から外れることって誰しもありますから、つまり誰もがいじめの標的になり得るわけです。

いじめ加害のほうに話を移すと、家庭のSESが低い中学生ほど暴力や仲間外れといった行為をする傾向にある、というのが調査の結果ですが、この辺はまだまだ調べる必要があると思います。以前からいじめ加害の要因として一般的に指摘されてきたのは精神的なストレスでした。家庭あるいは学校の中で受けているストレスがいじめ加害に結びつく。なお、いじめは加害者だけではなくてそれを積極的、消極的に容認する観衆や傍観者によって支えられている「4層構造」になっています。関連して、「学校共同体主義」こそが実はいじめの原因なんじゃないかという議論もあります。

議論のテーマ

小中学校でいじめの加害者に出席停止を適用すべきですか？

サブテーマ① なぜ小中学校の教員はいじめの加害者への出席停止の適用に賛成／反対するのでしょうか？

サブテーマ② なぜ小中学校はこれまでいじめの加害者に出席停止をほとんど適用してこなかったのでしょうか？

意見は分かれていいですし、自分の経験から建前と本音が食い違うこともあると思います。テーマを深めるためにサブの二つも時間があったら考えてください。

＊＊＊

いじめの線引きはどこか

ハヤシ　いろんな意見が（グループ議論で）出たんですが、その中で最初に共有したいことは判断基準の曖昧さです。加害者を出席停止にしますといったとき、そもそもいじめかいじめじゃないのかの線引きが曖昧で、プラスいじめの加害者なのか加害者じゃないのかの線引きも曖昧。それで出席停止という割と重い判断を下すのはそもそもちょっと無理があるよねという話になりました。

伊藤　何がいじめで何がいじめじゃないのか、出席停止を適用するラインがどこかですよね。あと、いじめ認定するまでにかなり時間がかかるんですよね、実際。みんなが正しい証言をするかも分からないし、そもそもいじめって教師の前ではしないものなので、その判別はとても難しいと思います。

オオタ　出席停止の措置がいじめへの対抗手段のすべてであってはいけないという話がまずありました。いじめた側に対する処置には他にもいろんな方法が考えられるんじゃないか。例えば、いじめられた側が、その後カウンセリングを受けることが多いと思うんですけど、いじめた側にもカウンセリングを受けてもらうのは一つの案では。教科書にあった通り、いじめた側もいじめにつながるような何らかの社会的な背景を抱えていたりして、そういうところから始めないと根本的な解決にはつながらないので、出席停止にあまりこだわりすぎず、他の方法をちゃんと考える必要があるのかなと思いました。

それからＳｌａｃｋで実際に先生をされているノグチ先生の「出席停止はあるべきだ」という意見を見まして。僕らはどちらかというと出席停止、別になくてもいいんじゃや、と思っていたので興味深かったです。

伊藤　せっかくなのでノグチ先生、少しお話しいただくことは可能ですか？

ノグチ（現職教師）　はい。僕は個人的には出席停止を適用すべきだと考えています。高校はいわゆる生徒指導や謹慎指導になったり、停学、退学みたいなものがあったりします。一時期、中学校で勤務していたこともあるんですけど、そのときはそういうのが何もなくて、本人とただ話をしておしまいって感じで。翌日も普通にその生徒が登校しているのが個人的にはすごく違和感がありました。

伊藤　私は出席停止だけですべて解決するわけじゃないと思うんです。ただ、カウンセリングもやっぱり難しい。本人がカウンセリングを受けたくないときにしても効果がないかもしれない。ただ、後々必要になってきたり裏に問題が隠れていたりすることもある。

イマイ　僕は出席停止と「罰する」懲罰との関係について少し考えがあります。まず、懲罰の手段として出席停止を使うことに反対という意見がＳｌａｃｋ（への書き込み）にもいくつかあって、僕も反対です。なぜなら、学習の面で加害者のデメリットが大きすぎるし、例えば慈善活動してもらうとか、もっと他に方法があると思うからです。

　また、サカモトさんのコメントを読んで気づいたのですが、出席停止って懲罰っぽく見えやすい点に注意が必要だと思いました。罰じゃなくて目的があることをはっきり保護者や当事者、加害者に伝えることが大事かな、と。例えば被害者の子がちょっと君のことを見ると色々思い出しちゃってつらいみたいだから、隔離させてもらうことになるよとか。

伊藤　出席停止って高校の制度とシンクロさせると停学や謹慎にリンクしてくるので懲罰と捉えがちなんだけど、多分違う機能で出席停止を使うこともあり得る。そういうことを考えてもらったんだと思います。どこかの班が周りを守るために「インフルエンザも出席停止だ」みたいな議論をしていましたが、実際にそうですね。

被害者と加害者の距離を置くべきか

ナカノ　出席停止の議論には被害者をまず加害者から遠ざけたほうがいいという視点と、加害者側にどういう影響があるかという視点が多いかなと感じたのですが、もう少し教室全体やその背後にいる親のことも考える必要があると思っています。

まず、出席停止の措置が取られたときに被害者がどう感じるかもありますが、周りの生徒がどう感じるかにも着目すべきかな、と。例えば、大学生はフラットに隔離措置としての出席停止を捉えることができても、中学校の教室ではそういう統一した認識や解釈になるかどうか分からない。中学校の教室って独特の敏感さみたいなのがあって、大学生になると全然考えないような要素に一人ひとりがすごく敏感で、それを言葉に出したり、気にしたりする。

もう一つ、出席停止を受けた側の親がどういうふうにいじめを受け取るかも結構気になっています。いわゆるモンスターペアレントみたいに自分の子どもを完全に擁護する形で、「うちの子どもはそんなことしていません！」と怒る親の像が浮かびますが、実際は自分の娘息子がいじめなんかしていたのかと、結構びっくりしちゃうこともあり得る。思っていた娘の像と全く違ったり、家で聞いていた話と教室の姿が違ったりして。例えば娘が家で「あの子うざくてめんどいんだよね」みたいな感じで軽く話していて、普通の学校生活の姿として親が受け取っていたものを、実際蓋を開けてみたらいじめだった、みたいなこともあるのかなって。そう考えると、この措置が周りに与える影響をもう少し洞察していかないと、なかなか運用が難しいのかなと思いました。

伊藤　出席停止は本人だけの影響じゃなくて、周りからそのことがどう見られるかがとても大事じゃないかと私も思います。出席停止があったことによって、当然周りからは「あいつ、あんなことしていたんだ」とか色々出てくるでしょうし。だからこそ出席停止にするんだという考え方もあるかもしれないし、だからヤバいんだという考え方もある。

あと、いじめに関する保護者への対応は難しいですね。本人が保護者に全部嘘をついて、違う話でまとめ上げるかもしれない。なので、指導した後に子どもが家に帰る前に電話を入れて、本人が親に話す前にどういうことが起こってどんな指導をしたのかを伝えることもあるそうです。

マスダ　僕は今までの人たちとは逆の意見で、出席停止を懲罰として用いることには一定の意義があるんじゃないかと考えています。例えば公立の中学校でいじめをした人に何ができますかと言われたときに、ルールとして何かすることは厳しい。その中で、言うなれば懲罰としての出席停止は、いじめとかをしてしまった場合には非常に面倒なことになるという歯止めになる。やっぱり世の中には本当に悪い人というか、悪意を持ってそういうことをやってくる人がかなりの数いると思っていて、僕は。それをカウンセリングで止められるかといったらちょっと難しいだろう、と。そういった層を止めるための刑罰として、いわば抑止力を働かせるための処置として一定の出席停止は必要なんじゃないかなって。加害者の側にも何か事情があって、というのはもちろんあると思いますけど、だからといって全体で出席停止などの手段をなしにするのはちょっと違うのかなと僕は感じてしまいました。

伊藤　多分、高校での停学、謹慎には懲罰の意味も少しは入っています。ちょっと気になるのは、懲罰を与えるのは学校なのかな。それとも警察とかのほうがいいのかな。いじめのケースによると思うけど、どっちがいいんだろうかなんて考えていました。

ササキ　僕は懲罰みたいな出席停止には反対です。いじめの加害者性はそもそもクラス全体にあると、教科書の内容から思っています。一人だけに責任を帰するのはいじめの構造の実態にそぐわない。現実の教育現場だとそういうクラス全体の加害者性というところから、クラス全体で叱りを受けますよね。

伊藤　いじめの四層構造論を意識して話してくれたのかなと思います。加害者だけじゃなくて周りにそれを積極的に容認しちゃっている人たちも当然いる。消極的に容認しているのを傍観者といっていいのか分からないけど、本当は駄目だと思っているけど何も言えない人たちも、実際に周りにはいたりする。そうしたときに、いじめって本当に加害者だけで行っているのかをクラス全体で考えることって、多分いろんな学校のいじめ対応でやっている大事なことかな、と。

サカイ　私は出席停止するにせよしないにせよ、被害者と加害者が完全に分断されて、もう交わらないようになっちゃうのがあまりいいことではないのかなと思っています。

ちょっと特殊な例なんですけど、私は小学校時代に私のことを仲間外れにしていた女の子と中学校ですごい仲良くなって、今でも連絡を取り続けているという経験があって。小学校４年生ぐらいのときに仲間外れにされたんですけど、小学校卒業する頃にはそれが落ち着いて、中学校に上がったときに、私を仲間外れにしていた子自身がいじめとか悪口のターゲットになってしまって。私も中学校に対して不満を持っていたので、それも後押しして彼女とはすごい仲良くなりました。

いじめとか仲間外れとか無視とかって、加害者本人だけじゃなくて、周囲の状況によって加害者といじめのターゲットが大きく変わってしまうんだなとそのときに思いました。なので、出席停止とか停学とかの処分を機械的にとってしまうことによって加害者本人と被害者が完全に分断されてしまって相互理解の可能性が完全に閉ざされてしまうことに対して、私は結構疑問があります。

伊藤　小学校５～６年のときに嫌がらせしてきた同級生と中１になって仲良くなって、そのまま今も親友だっていう自分の経験を思い出しました。

一方で、嫌がらせを受けていた本人が「もうこの子とは絶対に関わりたくない。同じクラスにしないでくれ」って言ったら、それを守るのも大事になってきます。本人がその子と別に関わりを切りたいわけじゃないのか、あるいはもうこの子とは切り離してほしい、そうすれば学校行けるからって話なのか。その辺を、本人に聞きながら進める。どう思うかも時間によって変わってくるので、コミュニケーションを取りながら進めていくのがいいのかなと、お話を伺いながら思いました。

出席停止に限りなく慎重であるべき理由

伊藤　そろそろまとめましょう。私が大学生ぐらいまでだったら、きっと出席停止にしろって言います。まずそれを話しておきます。ただ、Ｓｌａｃｋでも第7講で岡邉さんが話していたことを載せてくださった方がいましたが、今の自分はかなりそれに近くて、いじめの加害者への出席停止の適用には限りなく慎重であるべきだと考えています。

主な考慮すべき論点は四つです。皆さんが言ってくれたことに重なることも結構あって、一つ目は、実際は加害者の排除になること。いじめによる被害者の学校からの排除が、出席停止による加害者の学校からの排除に実はすり替わるだけじゃないか、と。出席停止を受けてもちゃんとやり直して、家で反省して、学校に普通に戻ってくる子もいると思うんです。ただ、その子に出席停止はそもそも必要だったのか。ちゃんと考える機会があったらスパッとやめられたのではないか。学校教師からの排除が非行につながることは、非行の議論だとよく指摘されることです。

教科書の第9章に、警察の少年補導職員の話がありました。私たちが関わる子どもたちの中には暴力団に入る子がいますが、なぜあの子たちが暴力団に入らないといけないのか。それまでにあらゆるところからの排除を体験しているわけです。ルールを守らなければ学校に入れてもらえない。学校に入れてもらえなければ高校に行けない。算数ができないので仕事ができない。すると負の連鎖がそこからつながっていきます。こういう話でしたね。学校に入れてもらえないことで不登校になって、非行がより進む。

二つ目が、出席停止で被害者は守られるからいいじゃないかという論点に対して、本当にそうなのかを考えなくちゃいけない。学校外のいじめが止まるとは限らないわけです。出席停止によっていじめの加害者と教師との信頼関係が壊れたり悪化する可能性もあります。いじめの被害者の安心・安全が保障されるのは加害者が学校に来なくなったときではなくて、加害者が被害者に危害を加えなくなったときです。しかし、出席停止を適用した場合、自身を学校から追い出した教師の言うことに従うでしょうか。従う子は多分、出席停止ではなく説諭で大丈夫なのではないかと思います。

指導しただけでは絶対に言うことを聞いてくれない子こそ、出席停止にするべきではないかもしれない。いじめは指導を間違えると、どんどん教師の見えないところに隠れて陰湿になっていくので、出席停止にされた逆恨みから学校外、特にＳＮＳでのいじめがひそかに行われる可能性があるのではないかと危惧します。出席停止が懲罰、もう学校に来るなという意味になって信頼関係の崩壊につながると、逆効果になってしまうかもしれない。そうすると被害者は逆に守られないかもしれない。

　被害者の心身の安全が危ぶまれるケースでも加害者たちが変わることを求めるのであれば、出席停止よりは別室登校のほうがよいのではないかと思います。加害者の子と顔を合わせられない、会うとトラウマになってしまうという訴えがあったとき、クラス替えや転校ももしかしたら必要になるかもしれません。けれども、その間いじめがどう起こったかを調べて、こういう対応にしようと決めるまでには時間がかかるので、そのときは多分、別室登校で教師が色々話をしなくちゃいけない。出席停止だと普段授業やっている時間は放置されるので、授業後に先生が家まで行けるかというと頻繁には難しくて、どうしても関わりが薄れます。

　あと、そうした深刻なケースなら様々な外部機関があって、法務少年支援センターがあったり、他にも児童相談所だったり、スクールソーシャルワーカー、スクールカウンセラーなど、いろんな人に関わってもらって話をしてもらうべきです。いじめという行為がどうだったのか、あなたはそれでいいのか。悩みがあったらそれを聞いてもらったりして、少しずつ変わっていくことを待つほうが、実は急がば回れなのかなと。

三つ目は出席停止にすること自体の議論より、出席停止をいいんじゃないかと主張する研究者もいるので、そうした人たちに言いたいんですけど、いじめを加害者個人への問題へと矮小化していると思います。教科書でも出てきた通り、いじめの加害者になりやすいのは社会経済的に厳しい家庭に育ってきた子どもだったり、家庭や学校によってストレスを抱えている子どもだったりするわけです。教科書では学級集団の在り方がいじめを生み出し温存するという話もしました。出席停止の適用の議論は、加害者がいじめに水路付けられた存在であることを忘れていて、加害者個人の問題、その子が悪いからって話にすり替えてしまっています。子どもたちには「いじめたあいつが悪人なんだ」と見えて当然だし、自分も昔だったら当然そう捉えると思います。ただ、研究者がそれでいいのかというと全く別の問題。出席停止の議論を積極的に進めていくことで、排除のすり替えを加速させていくことになる。それでは排除される人が変わるだけなんじゃないかって思うわけです。

最後、四つ目は、これはいじめなのか、出席停止をしなくちゃいけないほどかという、適用の線引きや判定がとても難しい点です。現在の文部科学省によるいじめの定義を大事な部分だけ読みます。

児童等が行う心理的又は物理的な影響を与える行為（インターネットを通じて行われるものを含む。）
であって、当該行為の対象となった児童等が心身の苦痛を感じているもの

この定義だと、自分の好きなアイドルの悪口を廊下で偶然耳にして悲しい気持ちになってもいじめになってしまう。教科書の注釈にもそんなことを書いています。つまり、いじめの定義が拡張しすぎてガバガバになっている状況です。上記の定義に当てはまるいじめすべてに出席停止を適用したら、出席停止を乱発することになります。例えば私の小学校6年生のときのクラスに当てはめると、いつもクラスには半分ぐらいしかいなくなります。

出席停止をどこで適用するかの線引きがすごく難しいし、そもそも事実を本人たちが話してくれるかも分からない。あとは、いじめられている側が認めないこともたまにあります。いじめられているという事実が本人にとってすごく苦しいことになるので、自分がいじめられていると思いたくない。そういう、いじめられている側の気持ちも出てくるからです。また、実際にいじめが起きている現場を捉えることもすごく難しい。

判定も難しければ線引きも難しいのに出席停止の適用の議論が盛り上がると、「なんで出席停止にしないのか」という保護者のクレームがきっと増えます。親が子どもから「いじめられた」と聞いたけど本当はその子がいじめているケースとか、いろんなことが起こってきますが、いずれにせよ「なぜ出席停止にしないのか」と相手を罰するような保護者のクレームが増えてきて、学校が困るんじゃないかと思うわけです。

もちろん、いじめという行為は絶対にいけないことだと本人に伝える必要があります。その行為を許さないことは大事なんだけれども、それ以上の排除になっちゃいけない。例えば「学校に来るな」とか、「もうおまえは教育を受ける資格がない」とか、口もきかないとか。そういう方向に持っていってはいけない。罪、自分がやったことは反省しなくちゃいけないけれど、だからといってその人を完全に切り捨てることは違う問題を生むだろうと思います。教師が徹底的に加害者と関係をつくっていく対応よりも、出席停止は将来的な被害のリスクを高めるかもしれないわけです。学校としては徹底的に関わると負担も大きい。だけど、最終的に社会全体としてどちらの負担が軽いかはよく分からないなという視点を付け加えるべきです。

いじめが起きる「前」にできること

伊藤　ここまでが私の話になりますが、今聞いた中で質問とか、納得いかない、もうちょっと教えてくれとか、ぜひ聞いてください。

キムラ　まず出席停止について、問題点は先生がおっしゃったことにすごく共感するんですけど、一方で被害者側の視点を少し考えたいんですね。というのも、いじめが犯罪であるという視点をもう少し持ち込むべきなのかなと個人的には思いました。子どもがしたから軽くしとこうって発想ではなく、本当は重いんだけど加害者側の意思というか判断能力がまだ十分でないから、そこを考慮するという発想であるべきだと考えました。実際、死に追いやったり、けがをさせたりすることが小中学生でも起こり得る。その時点で犯罪なので、個人的にはもう少し責任能力といいますか、判断能力の有無を考慮せずに罰則を与えるべきと考えていて。子どもだからこれぐらいの罪でいいだろうっていうのが、多分、被害者にとって納得のいく応報となってないだろうな、と。

その一方で出席停止に関する加害者側への配慮を全くなくすべきではなくて、むしろ小中学生の段階であるからこそ十分に行わないといけない。小中学生だから軽くじゃなくて、重いんだけど、大人と同じように重い罪にするのだけど、一方で配慮というか支援をより強くする発想であるべきだと考えます。ただ、それだとどうしても子どもの将来の立ち直りが大変になりかねない。となると、やっぱいじめが起きる前に対処することが一番重要なのかなって。

伊藤　いじめが起こる前にどうしていくかがまず大事なのは間違いないです。いろんな取り組みは海外でもあって。いじめがどういうことか、あるいはその対処法を知るとか。実際にいじめ防止のプログラムにもあるし、特別活動や道徳でも行われていたりします。

因果応報の件はすごく難しくて、自分でもまだ収まりのいいラインが実は見えていないところがあります。いじめの中でも、いじめというべきではないものも結構あって。明らかに犯罪であるものも実際にはあります。集団リンチをはじめとした暴行であったり、あとは恐喝系、お金を例えば最終的に１００万円カツアゲしていたとか。そういうケースになると、多分もう、学校だけで対応するものではなくなってきます。警察と連携しながらその子にどう対応していくのかを一緒に考えていく。場合によっては、もしかしたら少年院で色々学び直すことになるかもしれないでしょう。その子にとってどうしたらいいのかをいろんな機関の中で考えていく必要があるのかなと思います。ただ犯罪にならないタイプのいじめも結構あるので、そうしたケースをどうするかはすごく考えなくちゃいけないところです。

キムラ　具体的には例えばクラス内での無視とか、そういう類いのものですよね。応報を与える根拠が乏しいといいますか。

伊藤　無視、仲間外れに応報を与えるのは難しいところです。早めに芽を摘んでいくことは大事で、いじめアンケートはそのために行われているものでもあったりします。

私は犯罪の研究もしているのでこういう立場をとるんですけれども、他にもいろんな考え方はあると思います。ただ、一つだけ知っておいてほしいのは、私も含めて、何か悪いことがあるとその人に厳罰を、と思ってしまう心はどうしてもあるんですが、その人に厳罰を科すこと自体が社会の中のすべての問題を減らすのか、という論点です。犯罪学には「ソーシャルハーム」という言葉があります。社会全体の中にどれだけ人々を苦しめるような害があるのかという考え方で、ソーシャルハームの総量を減らすとき、何かをした人に罰を下していくやり方が正しいのかは少し考えたほうがよくて。回り道をしたほうが加害者にとっても被害者にとってもいい結末になることも場合によってはあり得るので、そういったことも考えてほしい。それが今回の授業の趣旨でもありました。もちろん、いじめの被害者に幸せになってもらうのが一番なんですけど、加害者にとってもベターな道を探ることについて考えてもらえたら嬉しいです。

授業後レポート

シバタ　授業内でなされた議論から私は全体的に死刑廃止の是非の議論を連想してしまった。死刑存置を求める意見の根拠の多くは「被害者遺族（など）感情」であり、廃止を求める意見の根拠は「冤罪の可能性」「加害者の人権」などであろう。日本の世論では死刑存置派のほうが圧倒的に多いとされており、特に何か社会を震撼させるような凶悪事件が起こったときには、犯人の極刑を求める声が多くインターネット上などで見られる。

私個人としては主に（加害者がその犯罪を実行するに至った環境要因がどのようなものである可能性が

あるか、ということまで考えたうえでの）加害者人権の尊重という観点から死刑制度には反対する立場なのだが（つまり、いじめで加害者が被害者としての側面を持っている可能性があることが教科書で指摘されていたが、それを犯罪についても適用して考えている）、当然被害者人権・被害者感情と加害者人権を比べられるものであるとは思っていない。私はあくまで懲罰よりもケアを重視すべきだと考えるからこのような意見を持っているにすぎないのである。ただ、それが外側からだと被害者人権よりも加害者人権を重視しているような構図に見える可能性があることは分かる。

授業を通して、以上のような論じ方はいじめに対する対処の方法を考えるうえでもそのまま適用できるものだということに気づかされた。もちろん、出席停止の実施の目的は必ずしも懲罰ではないと思うので「懲罰かケアか」の二項対立とは完全には言えないが、結局保護者や当事者生徒や保護者に（隔離措置ではなく）懲罰であると捉えられる可能性がある時点で、極めて取り扱いに慎重であるべきことに変わりはないのだろう。

ササキ　授業中の議論では、いじめの加害者の出席停止はすべきではなく、教師がクラス全体に対して叱り、諭す形でいじめを収めるほうがよいと考えていました。しかし、先生がいじめの社会問題化のきっかけとなった事件として紹介されていた「葬式ごっこ事件」の記事を授業後に読んでみてからは、僕の初めの考えはかなり建前に近かったと感じています。あのような事件を目前にすると、いじめの対処を教師の力量に任せるのは教師次第のところがあり、その他にも何かしらの制度的ないじめへの対処法があってほしいと思いました。

タカギ　いじめへの事後対応は一律に定められるものではなく、場合に応じてその内容を決めていく必要がある。被害者が求めるのは加害者の隔離なのか、両者の話し合いの場なのか、それとも放任なのか。加害者に必要なのはただ懲罰を与えることなのか、自分がやったことが悪いことだと理解してもらうことなのか、学級内の同調圧力をなくすことなのか。各関係者の意思を踏まえて最善の対処方法を見出すべきだ。一方、小中学生が自分一人で自分にとって最善なのは何かを考えることは難しい。そこで、保護者がいじめ対応の議論の場で強力なアクターとして登場し、教師は保護者の要請に妥協しつつ対応策を講じるというのが一般的な構図ではないか。問題の所在はここだ。いじめ対応の議論に参加するのは当事者とその保護者、また教師に限られている。しかし、そこに「いじめのプロ」はいない。言い換えると、いじめの要因の背景や子どもの事情まで加味して分析できたり、適切な対応策を練られたりする人がいないのである。

こうした現状への応急処置としてスクールソーシャルワーカー等外部機関の活用を唱える人が多いが、それでは根本的な解決にはならない。必要なのは、教職課程・教員養成課程全体の見直しで、教職要件を厳しくすることである。学士さえ手に入れれば教員になれる現状では、現実の諸問題の解決能力が不十分な教員が多く生まれている。修士課程、博士課程を修了する程度の知識と教養が必要だ。

ナカノ　自身の経験も踏まえて考えたのが、いじめをもたらす原因は本当に多様で、ふとしたことで教室内の人間関係が変わり得るという点です。加害者一人を教室から排除したとて、教室に残ったいじめの芽を摘んだことにはならない。いじめ問題を解決するには、個人どうこうではなく、教師や学校環境、家庭など複合的な視点が重要ではと考えています。一方で、教師の労働環境を考えると、いじめ問題の解決を先生だけで行うのはほとんど不可能ではないかと思います。スクールカウンセラーやスクールソーシャルワーカーの協力はもちろん、制度設計や司法の側面からいじめへの対処を考えていくことが場当たり的で非根本的な解決を減らすことにつながると思います。

授業の他の受講者が、いじめ問題は「道徳観×自分の経験×データ×社会学的考察×学校の守備範囲……みたいな感じでめちゃくちゃ変数多い」と言っていたのがすごく面白かったので最後に共有させていただきます。自身や他者の経験を踏まえながら、それだけでは見えてこない社会にも目を向けつつ、学術的に問題に対する解決策を与えていく。言うのは簡単ですが実際は難しいことだし、今は議論しているだけで社会に対して何も変革を起こせないもどかしさも感じますが、こうした場の積み重ねが少しでも良い学校社会につながればと思います。

【第13講】東大生、教育格差を総括する

小西尚之（金沢学院大学）・布川由利（高崎健康福祉大学）・松岡亮二

＊教科書第15章「現場」のために教師が社会調査を学ぶ
コラム3　学校における「会話」を分析してみる
おわりに――唯一の現実的な「希望」として

社会学の方法論

小西　私が担当した教科書第15章と布川さんのコラムは、教育格差そのものについてというよりは、主に教育現場で調査を自分でしてみるための方法論を紹介しています。まずは3点、補足します。

補足①　現場（実践者）にとっての教育社会学の魅力

・日常の「当たり前」を疑う。何となく「そうかな」と思っている状況を「言葉」で説明

小西　私自身、高校で教師をやりながら研究していたので分かりますが、学校教員は忙しくて、自分の毎日の実践を客観視することが難しいところがあります。例えば、この授業のテーマで

ある「教育格差」に関しても、自分が担任しているクラスの生徒に明らかな学力差があるとき、家庭的な背景がおそらくあると分かっていても、なかなか言語化できないし、職員室でも口に出せなかったりする。そういうことを言葉で、ある意味残酷に鋭く説明してくれるのが、私にとっては教育社会学でした。現象に言葉が与えられると、それについて自覚的に議論できる、みんなと相談できるわけです。

補足②　他者を理解しようとすること・自分を知ること

・「異質な他者」（自分とはまったく異なる生活をしている人々）への想像力を養う[1]
・「他者の合理性」[2]（私たちにはあまり縁のない人びとの、一見すると不合理な行為選択の背後にある合理性やもっともな理由）を探る[3]

小西　第1講と第5講の復習です。この他者理解は自己理解にもつながるので、将来の方向性を考える際にも役に立つはずです。

補足③　質的な社会調査についても学び、実践してみよう

・フィールドワーク、エスノグラフィー、ライフストーリーなど
・学生である今が好機。最初は興味本位・身近な場所からでも

・謙虚に現場から「学ぶ」姿勢も必要。普段の「人間関係」を参考に

小西　どういうふうに他者を理解するか。量的な調査はある程度定型的というか、大体手順は同じですが、フィールドワークとかエスノグラフィーは違います。なかなかマニュアル化しにくいんですよね、質的な調査法は。

調査それ自体は、日々の生活とか職場を荒らすという大変暴力的なところがあります。ただ、学生である皆さんがフィールドワークする分にはちょっと違うんですよね。研究者は調査先から見返りを求められたり、これをどうするんですかって現場の先生に聞かれたりする。けれど皆さんには比較的警戒もしないし、見返りもそんなに求めないというか、ちょっと勉強していきなよってぐらいの反応になると思います。安易な調査は現場の迷惑になるので勧めませんけども、もし興味を持つことがあれば今が好機です。身近な、例えば自分のアルバイト先でも、ボランティア先でもやってもらえればいいかな、と。

そのときは謙虚に。調査すること自体、自分という人間が問われる機会となります。特にフィールドワークはそうですね。あなたは一体何者で、どういう態度でここに来ているのかが問われます。だから人間関係を、あるいは人間性を磨くのにも社会調査の実践は役に立つはずです。

布川　社会学の方法論には社会について知らないことを明らかにするためという目的が大まか

にあります。ただ、この知らないことが何なのかについて、計量的な統計調査を使った計量社会学と、質的研究とでは考え方が少し違います。

統計データを使う計量社会学だと、例えば長期的な変化を捉えたり、あるいは空間的に広い範囲の比較を行ったりすることが目的になります。自分の経験だけだと全体は捉えられないので、国全体、あるいは一つの地域全体のデータを取って、それを比較したりするのが計量社会学の一つの大きな特徴です。

それに対して質的研究は、ちょっと複雑というか、理解が難しくなってきます。インタビューや長期的に行うエスノグラフィーは、個別の事例を扱うことになります。教科書のコラムでも書いたように、個別の事例を扱うことによって調査対象になった人たち自身の視点、あるいは価値判断に迫ることができるのが質的研究の一つの大きな特徴です。

具体的に理解するために、実際に質的調査によるデータに触れてみましょう。

議論のテーマ

次の雄貴（仮名）のライフストーリーを読んで、彼の行動・選択の「合理性」について考えてください（例えば、高等専修学校卒業後、約3カ月で就職先を退職したことなど）。手順は次の通りです。

（１）あなた自身にとって「不可解な」ところを抜き出しましょう。（２）それについて、雄貴がどのような理由付けをしているかを、できる限り語り（データ）から明らかにしましょう。
（３）そこから、理由付けと選択の間の結びつき（合理性）を考えましょう。

【雄貴のライフストーリー・要約】[4]

小学校では成績も悪くなくクラスのリーダー的存在だったが、中１で同級生の暴力から不登校になり、家でゲームをするなど昼夜逆転の生活を送るようになる。同時期に家庭では両親が離婚し、「お母さんがいない時は、俺がお母さん役をして」家事をこなし、長男として「本能が強かった」ことから弟たちの面倒も見ていた。その後、中２のときに「お母さんの恋人（のちの継父）」と同居することになる。将来は調理師を目指し、中卒後に調理系の高等専修学校に進学し、居場所や友達を見つけ、楽しく過ごした。成績は良くなったが、授業中は不真面目で放課後はゲームやテレビなど遊び中心の生活だった。２年次の校外実習（インターンシップ）先である飲食店でそのままアルバイトを続け、３年次の校外実習では就職も見据え、別の個人経営の飲食店に行き、再びアルバイトとして残り、卒業後はその店に就職した。しかし就職前にはすでに料理より接客をしたいと感じ「多分一年くらいでやめちゃう」と思っていた。実際に、就職して約３カ月後に多忙を理由に退職し、求職活動をしたがアルバイトには採用されなかった。一方、家庭では継父と弟の喧嘩が絶えず、「爆発し」て家を出る。その後Ｔｗｉｔｔｅｒで知り合った人（Ｔさん）と同居し、「母性本能」からTさんを「俺が絶対守んないとだめだ」と思い、家事全般を担当しながら、アルバイト生活を送っている。

布川　このライフストーリーを読んで、全く理解できないとか、何が書いてあるのか全然分からないところはなかったと思います。共感できない、あるいは納得できない部分はあったかもしれませんが、少なくとも何が書かれているか全く分からないって部分はないかと思います。それは雄貴が他人にも分かるように自分の生活や人生を語ってくれている面もありますし、著者の林さんが読者のために再構成しているから、皆さんも理解できる。雄貴の視点や価値判断を明らかにするためには、なんでその他者の語りを理解できているのか、あるいはできないかを考えてみるのが一つの方法です。

実際にやってみましょう。このライフストーリーの中から、理解はできるけど皆さんにとって不可解なところ、ちょっと不思議だなって思うところを抜き出してみて、それについて雄貴がどういう理由付けをしているのかを、できる限りデータの中から明らかにしてみてください。例えば、雄貴は母親の不在時に弟たちの面倒を見ていたのを本能だと言っているんですけど、「本能」と説明することにどんな意味があるのか。あるいは雄貴が仕事を続けられない理由を説明していますが、それと本能という理由付けの仕方にどういう違いがあるのか。そういうことを考えてみると、雄貴の価値判断の在り方や視点をある程度明らかにできるはずです。

＊＊＊

傍から見ると変でも「合理的」

イマイ　雄貴はその日の気分で学校に行ったり、行かなかったり、自暴自棄になって選択しているのではないでしょうか。他者の合理性とはいえ、（一般的には）合理的じゃないこともあるんじゃないかという指摘が先ほどありましたが、僕はそもそも、合理的に考えてなくてもいいという合理性があるんじゃないかなと思いました。学校に行く、行かないって、自分の将来に対してメリット、デメリットに関わる意識が特になければ、どうでもいいと思うことが合理的だとも言えるんじゃないかなって。

布川　本人にとって納得がいくことであったり、あるいは本人がそうせざるを得ない状況って、たとえ傍から見て変な選択であっても、「合理的」＝理解はできること、だと思うんですよ。納得はできなくても理解はできる選択や行動のことを、とりあえず合理的と呼んでおきましょうか、という感じです。

確かに合理的かどうかの価値判断をこちらがしてしまうと、なぜ雄貴にとってそれがよい選択だったのか、あるいは、せざるを得ない選択だったのかが分からなくなってしまいます。なので、こういうデータを見るときは自分にとって納得できるどうか、あるいは自分にとって変だとか、あまり良くないなといった価値判断はいったん横に置いて、なぜその選択に雄貴が納得しているのかを考えてみるといいんじゃないかな、と。

小西　私と布川さんは、皆さんが一番納得できそうにないストーリーをあえて選びました。質的な調査やデータとは、他者の主観的な世界です。それを理解するうえで自分の主観的な世界で読んじゃうと多分、ほとんど理解できないのかなっていう。

ナカノ　他者の合理性の話と重なる部分があるのですが、私たちは物事を長期的な利益で捉えるか、短期的な利益で捉えるかという話を議論しました。雄貴は常に今、目の前の生活をどのように改善するかに追われていて、家庭環境もそうですし、なかなか落ち着いて長期的なことを思考する余裕がないのが大きいのかなって話になって。むしろ雄貴が短期的な利益ばかりを思考しているというより、東大にいる私たちのほうが、私たちって括るのも良くないかなと思うんですけれども、例えば勉強にコミットするのは、目先の利益じゃなくて、長期的にプラスに働くだろうと予測を立ててやっている。

小西　時間的な軸ですよね。我々から見たらどうしてってことでも、雄貴にとってはその時点での一番「合理的」な選択。

ヒラノ　Ｓｌａｃｋ（の書き込み）を読んでいて、３カ月間で就職先を辞めたことに対して「根気がなかった」といった意見がいくつか見受けられたのですが、もしもこの就職先が飲食店ではなくブラック企業だった場合、その見方が変わるんじゃないかなと思いました。

　例えば忙しかったこと自体に疑いの目を向けて、本当は忙しくなかったけど雄貴のほうに問題があって辞めたんじゃないかという意見が多かったのですが、本当に忙しい飲食店だったとしたら、辞めたという行動には私たちにも理解可能な合理性があって、むしろ飲食店というものにとらわれている自分たちの価値基準を見直すきっかけになるんじゃないかな、と。

小西　このライフストーリーには就職先の状況は全く書かれていませんよね。どういうふうだったか想像しにくいですが、どうでしょう。この就職先を３カ月でやめた点に関して何かありますか？　別に議論を誘導するつもりはなかったんですが、多分、一番納得できなそうな点かなって。

ハラ　この飲食店を３カ月でやめるっていうのは、かなり長く続いたほうではないかと思います。僕も今、飲食店でアルバイトしているんですが、新しく入ってきた人の約半数が１カ月以内にやめて、１カ月を超えた人は大体長続きするってジンクスみたいなものがあります。１カ月の壁を越えたという意味では、雄貴はかなり頑張ったんじゃないかな、と。お正月とか大みそかも働くのが当たり前っていう感じです、僕のやっているところは。

イシイ　お店が忙しかったのは本当にそうかもしれないし、それだけじゃないかもしれないですけど、自分のしたい接客を店側に伝えたのか。それまでも自分がやりたいと思っていたことが叶わない人生を送ってきたからこそ、そういうときにモチベーションを維持できなかったり、ある程度、短い期間で諦めてしまった部分があるんじゃないかなと思いました。

小西　雄貴は就職する前から、もうやめるんじゃないかって言っているんですよね。もしかしたら予定通りの行動だったのかもしれません。

「もし」違う生まれだったら

キムラ　彼に対して、こういう行動して大丈夫かみたいな不安であったり、ちょっと痛みみたいなのを感じてしまうところがあったんですが、それって果たして正しいのかなと一方で思ったりして。今その場での判断だと見受けられる行動をしていたり、雄貴自身がどうかは分かりませんが、多分私だったら後悔するだろうなっていう選択をする。家族から離れて、家族との絆を切って生活することなど、その場の感情とかの見えている視点で雄貴は判断していると思うんですけど。

その一方で私たちの合理性が逆に社会に迎合したような合理性だからこそ、雄貴の判断が問題ないのに、合理的ではなく見受けられるんじゃないかなと思いました。というのは、大学に行って勉強して努力するのがいいっていう価値判断。そうすることによって将来にわたる不安を解消できる、そのことに対して幸福を感じるような価値観。

ムラカミ　自分たちのグループも最後のほうで、実際雄貴がこの生活で幸福感を感じているかはちゃんと考えたほうがいいよねって話になりました。自分たちが当たり前だと思っている合理性によって幸福の在り方とかを縛ることには気を付けなきゃいけないな、と。

　ついでに、雄貴がもし長男じゃなかったら、もし女子だったら、どういう読み方が必要かなってことも考えるに値するかなって。長男じゃなかったら、もっと違う考え方をしていたかもしれない。雄貴はそれを本能って言っていたんですけど。

シバタ　雄貴にとっての合理性を私たちにとっての合理性の物差しで測ったときに、それが一致しないから奇妙に思えるけど、雄貴は家庭が恵まれなかったからこうなっちゃったみたいな語りは、すごい恣意的というか、価値観の押し付けというか、そういう暴力性みたいなものがあるのかなと思っていて。

　だから、例えば教育格差のことだと、それは解消すべきだと多くの人が言うし、賛同するだろうし、私もそう思うし、そう思っている人がこの授業に参加していると思うんですけど、その教育格差、格差に対してどう思うかってところにも主観とか、環境とか、価値観の根本でいろんな影響によって形成されているところがあって。もちろん本人が何か望まれないところで選択を強いられている部分を解消すべきっていうのは、すごいそうだけど。
でも、例えば「全員が大学に進学できるようにすべきだ」みたいなのは多分違うし、みたいなところで、そういったバランス感覚が……。こういう教育格差のこととか、生活環境のこととか、ライフストーリーのこととか考えて、場合によっては支援とかをしていくうえで、そこの捉え方がすごく難しいなと思って、倫理的にどう対応すべきかなってところで悩んでいます。

総括のための議論のテーマ

二つの問いについて考えることで、教科書と今学期の内容を振り返りましょう。ここでの「知見」とは、理論、データ、個々の研究の結果などを意味します。教科書や授業資料から選んでください。

① 「生まれ」に可能性を制限されない社会をつくるために、人々が知るべき知見とは何でしょうか。知見を三つ選び、それぞれの理由を論じてください。

② 今学期学んだ知見をどのように自分の日々の生活や人生に応用するのか書き出してください。

松岡　全授業の振り返りということでテーマを二つ用意しました。いずれも正解はないです。

一つ目は、人々がどのような知見を前提とすれば議論の在り方が変わって、誰もが可能性を追求できる条件を整備できるようになるのか。多くの人の合意を得なければ政策を変えることはできません。説得力のある議論を期待します。

二つ目は、教科書を含めこの授業を通じて学んだ知見の活用法を自由に論じてください。

＊＊＊

この授業で何を学んだか

ナカノ　①の知るべき知見として「他者の合理性」がすごく大事ではないかと思います。私は今まで、自分と相いれないというか、自分の視点で考えたときに理解できない行動を取っている人を見たときに「なんでだろう」って、外部の視点だけで問題を捉えようとしていて。別に必ずしも切り捨てたわけではないんですけど、表面的にというか、いわゆる学問的な感じで、さらっと分析してみるみたいなことが多かったんです。だけど「他者の合理性」は外側からの視点に加えて、内側からの視点を与えてくれるなと思っていて、問題をより深く理解するためにも、とても大事な考え方だと思いますし。

あとは自分にとって、すごく寛容性を与えてくれる概念だなと思っていて。寛容だからその問題を無視するってことに働いたら良くないんですけど、お互いに排他的じゃない社会をつくるにあたって、いろんな立場の人、いろんな生き方の人を認めていく中で「他者の合理性」が、とても重要なのではないかなと授業を通じて思いました。

松岡　②に対する回答でもありますよね。社会構造の中で全然違う位置にいる他者が違う政治的意見を持っている場合が往々にしてあります。そういう意見に対して脊髄反射的に反論している人をオンラインなどで見つけるのは難しくありません。

　他者がなぜ自分とは異なる意見を持つに至ったのか。どういう人生を送り、どのような生活をしていると特定の見解に共感するようになるのか。賛否の背後にあるものを理解しないと、近年のアメリカのように「生まれ」による分断化を放置することになるかもしれません。

オノ　①について、僕は「私的内部収益率」を挙げたいです。この考え方があることによって、特に低ＳＥＳ家庭の方々に対して長期的な視点で利益を捉えるという考え方をデータで示すことができるので、可能性を広げるのを助けるんじゃないかなと思いました。

　あと別の観点で見ると、可能性の拡大からは若干それますが、他者の合理性にもこれは寄与すると思っていて。というのも、今度は逆に高ＳＥＳの方々が、「私的内部収益率」という考え方を見たとき、なぜ逆に大学進学しない選択がとられ得るのか、それは短期的な視点で見たときにはこっちのほうが合理的だからという理由付けも与えてくれるので、そちらにもいい影響があるのかなって。

松岡　全部がすっと腑に落ちるかは横に置いといて、私的内部収益率という補助線を引くと他者を頭では理解できる、と。階層やジェンダーの話もそうですね。一回、飲み込むことで他者の視点を得ることができるかなと思います。

サカイ　②について、卑近な例で申し訳ないのですが、春休みに成人式がある予定で、そのときに今までより柔らかい気持ちで小中学校の同級生に会えるなと思いました。

すごい荒れてる中学校で、例えば授業中にずっと騒いでいる子とか、同じクラスに4〜5人不登校がいたりとかして、彼らの気持ちが全然分からなくて。本当に中学校が嫌いだったんですけど、今回の授業を通して彼らに対しても、例えば家庭内で虐待を受けていたり、親が忙しくて面倒を全然見られなかったり、何かしらの事情があるんだろうなって想像できるようになったことで、これから小中学校時代の同級生に会うときには、彼らを悪い人と決めつける前に、歩み寄るきっかけになるものを授業で学んだのかなと思いました。

松岡　ご成人おめでとうございます。成人式は一つのすごく分かりやすい例で、毎年報道番組でヤンチャしてる子たちの映像が流れます。それを報じている、「いい大学」を卒業しているであろう出演者がその画面を見ながら怪訝な表情を浮かべて「成人として自覚を持ってほしいですね」といった「正しい」コメントをするのが恒例になっています。成人式で騒いでいる子たちと出演者の出身階層や出身地域を仮説的に考えてみると、そのような報道への賛否も変わるかもしれません。
　選挙の後も自分と同じ考えの人が思ったより少なかったとか不満を感じることはあるでしょうけど、そういうときも脊髄反射するのではなくて、他者の視点で考えてみることができるようになったのであれば、授業の成果なのかなと思います。

髙橋　皆さん、13回にわたってお疲れさまでした。特に最後、頭をフル回転していた様子が、Ｚｏｏｍ画面とＳｌａｃｋを通じて伝わってきました。レポートも楽しみにしています。

授業後レポート

フクダ　客観的に見て合理的でない生き方を選択するということもある種の合理的な判断、すなわちその本人にとっては考えたうえでの決断になっているという捉え方もできるという考えになるほどと思った。また、長期的に見て合理的か短期的にみて合理的かという視点も新しかった。確かに自分も含め多くの人は、長期的に見て将来役に立つから、という理由で我慢してつらい受験勉強等を行ってきたと思う。しかしそれは短期的な視点で見ると必ずしも良い判断だとは言えず、むしろ希少な時間を自分がしたいことではなくつらい勉強に費やしたという意味で損をしていると考えることができるかもしれない。そう考えると、客観的に見ると流れに身を委ねているような雄貴の生き方も、短期的な合理性を得ていると考えるならば、決して劣っているものではないと思う。しかし、短期的な合理性を求めるという雄貴の行動が、長期的視点に立った行動との取捨選択によって得られたものではなく、家庭環境によってそうせざるを得なかったという理由でなされているならば、それは問題であると思う。前回までの授業から考えると、雄貴のような短期的視点に立った行動を取ることはＳＥＳが低い家庭に多く見られ、学習意欲は低く、相対的に生涯賃金等も低いと考えられる。そのため、雄貴の事例は格差の再生産につながってしまう可能性が高い。自分自身学習支援のボランティアをしている中で、まさにこの雄貴と（ほとんど）同じような境遇にある子たちと接する機会があるので、長期的視点に立った行動という選択肢を知ってもらえるように努めたいと思った。

ナカジマ　私たち東大生は世間一般的に「エリート」と呼ばれる存在だと思うし、この授業を通じて何度も自分たちが恵まれた環境にいたことを意識してきました。自分の育ってきた環境が当たり前ではないということに自覚的になるのはとても大事なことだし、この授業の目的の一つでもあったと思うのですが、授業中の発言で「私たちのような恵まれた人々」と「恵まれていない人々」というように語られる度に違和感を抱いてきました。経済的に困難な家庭の子どもや、マイノリティの子どもたちが社会的に不利な立場にあることは事実ですが、それを

「かわいそう」という目で見て、その子どもたちの人生を憐《あわ》れむような視点は絶対にあるべきではないと思います。その子どもたちが持っていて私たちが持っていないものに着目したり、一人ひとりの人生に敬意を払って尊重することが、他者理解の一歩になるのではないかと考えます。ただ、そうしてその子たちの現状の生活を容認するだけでは格差の容認につながってしまう可能性もあります。「恵まれた教育環境で勉強をしていい大学に行って高い収入を得られる仕事に就く」という以外の人生もそれぞれに尊重されるべきだという思いと、「格差を是正して多くの人が高い教育を受けられるようにしたい」という思いがあり、そのバランスをどう取れば良いのかが難しいと思いました。

ナカノ　この授業は「教育」がメインテーマとして掲げられていましたが、私はむしろ教育が日本全体の様々な格差を浮き彫りにする鏡になっていると感じました。特に、小学校や中学校は義務教育として基本的にはすべての子どもが通い、高校も今ではほとんどの生徒が通う場所になっていることから、社会の様相を如実に映し出す場所になっています。ＳＥＳなどの話に触れる度に、「教育だけではどうにもならない、社会の根本的な問題が引き起こしている歪みが大きすぎる」と感じることも多かったです。一方で、毎章末にある「現場のためのＱ＆Ａ」や先生方のお言葉を聞き、システムの変革や一人ひとりの工夫で教育が希望をつなぐ場所にもなりうるなと考えました。教育に関する諸問題について、様々な階層に存在する生徒・教師・保護者・ソーシャルワーカー・学者や専門家などがそれぞれの立場に特有な向き合い方をしている姿がほんの少しかもしれませんが見えた気がします。現時点で問題解決のために多くの工夫がなされている様子を理解して、「解決は無理だ」と切り捨てるのは尚早だと反省しました。そのうえで、この授業で触れた知見を最大限に活用すれば、より良い向き合い方ができると思うのです。

フジワラ　初回から最終回まで考えていたこと、そして今後も考え続けるであろうことは、「東大生」として教育格差を学び考えることの意味です。自分自身「東大生」である以上、そこから飛躍した意見は生み出せません。教育格差をなくすためには、ＳＥＳも学歴も地域もジェンダーも国籍も、多様な人々が正しい理解のもとで議論をし解決策を探索することが必要だと思います。この意味では、偏差値で言えばかなりのマイノリティにすぎない「東大生」が教育格差について議論することは、もちろん必須で重要なことではあるものの、とても視野の狭い知見を生むにとどまる可能性があると思っていました。しかし実際に授業で議論をし、教育格差について理解や考えを深めていく中で、「東大生」として議論することのポジティブな可能性も多く見出すことができました。例えば、「東大生」だからこそ気づけることもあるということです。私たちはこの授業を通して、「日本で一般的に世間が知らないこと」だけでなく『東大生』だから気づけていなかったこと」にも意識を向けることができました。そのうえで今度は、東大にいるからこそ学べること、研究できることに取り組むことによって、「東大生」だからこそ見出せたと言えるような知見や解決策を生み出せるかもしれません。また、東大から日本全体へ議論を活発化していけるかもしれません。この授業を履修していた学生が各々のコミュニティで教育格差の議論を拡散していくと思いますし、東大で活発な議論が行われるようになれば、他の大学、高校などへも広まっていくはずです。これは「東大生」だからできること、「東大」だからできることです。そしていずれ国民的な議論へと昇華する。この授業がその原点となることができるのであれば、このうえない成果だと思います。そんな授業に学生の一員として参加できて本当によかったです。ありがとうございました。

---

1 中村高康（二〇二一）「教育は社会の中で行われている」中村高康・松岡亮二編著『現場で使える教育社会学―教職のための「教育格差」入門』ミネルヴァ書房、pp.2-20.

2 岸政彦・石岡丈昇・丸山里美（二〇一六）『質的社会調査の方法―他者の合理性の理解社会学』有斐閣。

3 山田哲也（二〇二一）「保護者・子どもの言動の背後にあるものを見据える」中村高康・松岡亮二編著『現

場で使える教育社会学―教職のための「教育格差」入門』ミネルヴァ書房、pp.126-145.

4 林明子（二〇一六）『生活保護世帯の子どものライフストーリー―貧困の世代的再生産』勁草書房。

【学期後学生座談会】

学期最後となった第13回授業の一週間後、いつもの開始時間。編者から依頼を受けた背景の異なる５人の学生が、学期を振り返るためにオンラインで集まった。

講義に参加して気づいたこと

ナカジマ　東大生でも教育体験が色々あるなと感じました。東大生と一括りにされる中でも、学校の数だけそれぞれの教育体験があって。例えば私は愛知県の、部活に力を入れている地域出身なので、そもそも部活に入ってなかった東京の人たちとは、１日のスケジュールが全然違う。他にも中学受験が当たり前か否かなど、東京との差を感じました。

オオタ　僕は都内の中高一貫男子校で、いわゆる進学校出身です。地方の公立から来た人たちの、周囲の人たちに関する話を聞くと、やっぱり全然違う環境なんだと思いました。同窓会で会うとみんな社会人になっていたり、子どもを産んでいたりするという話が印象的です。逆に僕の場合、周りはみんなまだ大学生なので。

ムラカミ　ナカジマさんが言ったように、同じ東大生といっても結構違う経験をしている。結局は同じような傾向の場合もあるとはいえ、「東大生」と一括りにするのも乱暴なことだと感じました。

ヨコヤマ　私は理系の1年生で、主題科目の単位が欲しくてここに行き着きました。だから、教育系の授業を受けたのも初めてです。シラバスには「いじめ」「ジェンダー」「国籍」とか書いてあって、目に見える問題を扱うと思っていました。でも実際に学んだのは目に見えない、教師でも気づかないだろう格差。「SES」という言葉も初めて聞いたんですけど、毎回その言葉が出てきて。教師って普通に考えると勉強を教えるのが仕事なのに、全然勉強の話が出てこない。こんなにたくさんの問題を抱えたら死んじゃうんじゃないかな。

ノグチ（現職教師）　僕は皆さんとは年も少し違いますし、現職の教員でもあるので、授業に出てくる話は実体験として先に持っていました。また、それに対してどうすべきかも分かっているつもりでした。ただ、それは「経験」と「勘」でしかなかった。だから授業を通じて、状況に対する裏付けやメカニズムを理解できたのが勉強になりました。考え方が変わったというよりは、現場での行動を「あれで良かったんだな」「あれじゃ駄目だったんだ」と振り返ること、が多かったです。教師に何ができるかは今も考えますけど、やっぱり難しいですね。逆に格差を助長しかねない場面もたくさんあるので。

理想の未来とは

ナカジマ　大学進学率１００％になるのが教育格差の解消を意味するとは思わないです。ただ「人生は人それぞれだよね」と言ったら、今の状況を無視できてしまう。じゃあどこを目指すのか？

オオタ　結局、教育制度を大きく変えられるのは教育学部だったり文部科学省だったり、「上の人たち」だと思うんです。そうじゃなくてもいろんな意味での力を持っていないと、力のない人を救えない。『ドラゴン桜』もそういう話でしたよね。力のないまま、知識のないままだと何も変えられない。

　ただ、変える力を持つ人は何を変えたらいいのか、本当のところが分からない。この授業で議論した人たちも、結局は割と高い位置にいて、そうじゃない人たちが何を望んでいるのか分からない。いろんな話を聞いて視野が広がったうえでも、自分自身もまだ見えてない部分が多いと思うし。

ノグチ（現職教師）　すごく重い、難しい問題ですね。僕は教員として働いていますが、一人の教員の力で全体は変えられない。自分が関わる範囲内で少しずつ何かできても、国の仕組みや教育制度を変えるのは難しい。だけど、じゃあどうするのか。まずは正しく知ることからスタートする。僕はこの授業を、その第一歩と捉えていました。「ニーズ」を増やすためにも、より多くの人が正しいことを知るのが大事だと思っています。

ムラカミ　格差をなくすためには、本人が自分で選択できる機会を確保することが大事なのかな。それこそＳＥＳのせいで本当は大学へ行きたいのに行けないとか、自分の意思が無意識にでも抑圧される状態が本当の問題だと思いました。

　この前、成人式で地元の人たちと会いました。「僕は大学に行ってまで勉強はしたくないから就職した」と意思を持って就職した奴はすごい幸せそうでしたけど、働かざるを得ずに就職した人もいて……。

ナカジマ　そもそも大学に行こうと思えないのも格差の一つ、という話が授業でもありましたよね。大学に行くことが前提でない環境だから別に行きたいと思ってない、でも環境が変われば行きたいと思うであろう人、それをどこまで変えていくのかは難しいと思います。

オオタ　僕は「格差をなくす」って言葉にずっと違和感があって。格差って多分、なくならないじゃないですか。理想的な世界が実現したとしても、人に個性があるのだから、どうしても差は生まれる。

ヨコヤマ　私はさっき話した通り教育関係の仕事にも全く興味がないし、それに関わる人も周りにいません。今まで教育を受けてきた、ただの一生徒として、今まで一緒の学校にいた人にはどんな背景があったんだろうと、この授業で振り返った感じです。

私は、先ほどから出ている格差の問題に現場なり政策なりで取り組むことは多分ない。でも教育格差は大学までで終わる話じゃない。例えば私が企業の人事部に入って、新入社員を見るときにこのことを知っておいて損はない。あるいは自分が親になったとき、子どもへの接し方が変わるかもしれない。それが根本的な格差をなくすわけじゃないとは思いますけど、教育に詳しくないただの学生、一人間がこの授業をどう活かせるのかといえば、そういうところなのかな。

　キーポイントは知ること。知った後に特別な行動ができなくても、誰かのことを排除せず、より理解できるようになるし、すでにそこにある格差を格差と認識できて、妥協しつつも何とかやっていく気持ちになれたらいいのでは。

ムラカミ　もし子育てするとしたら、この教科書はすごい参考になるだろうな。授業で「意図的養育」の話がありましたが、自分が子育てするなら、格差をむしろ助長してしまうという後ろめたさも感じつつ意図的養育をすると思います。一人ひとりの行動は、格差の中でうまいことやってく対症療法しかないのかなって気もしています。

格差に向き合うことの複雑さ

編者（松岡）　――意図的養育をされて自分が子どもの頃から塾に通う一方で、放任的養育を受けて、門限もなく好き勝手に遊んだりテレビゲームをやっていた同級生を羨ましく感じるのは自然なことだと思います。社会学的に見ると自分は学歴獲得の観点では有利だったのかもしれないけど、それなりに大変だったし、そもそも進学校に行かない選択肢は周囲の期待などもあって実質的に存在しなかったでしょう。

　東大に合格するまでの日々を考えると、「教育格差」にまつわる事実を知るのは都合の悪いことかもしれません。自分の自由な意思と能力と努力だけで今の立場を得たと思い込んだほうが、自分を肯定できますよね。主観的にはそのほうが「幸福」かもしれない。そのあたりはどう思っていますか？

オオタ　ストレートな答えになっているか分かりませんが、今の話を聞いて昔のことを思い出しました。僕は「東大に入りたくないな」と思っていた時期があって。それは東大生に対する「コミュ障」（コミュニケーションが得意ではない）なイメージがどうしても僕の中にあったからです。自分の中高時代のアイデンティティが割と勉強できることにあったのですが、流れとしては東大に行くんだろうな、でも東大に行って俺は楽しいのかな、キラキラできるのかな、という思いがありました。周りを見ると、勉強あんまりやってない友達は楽しそうだったりして。受験期にも、大学に行ってないようなＹｏｕＴｕｂｅｒの動画を見ていたんですけど、幸せそうでいいなとめちゃくちゃ思っていました。だけど勉強しかない、頑張っている自分が自分のアイデンティティみたいなところがあって。単純に周りが羨ましい部分はありました。

もう一つ、じゃあ格差の問題に対して自分はどう向き合っているのか。自分はそれを客観的に議論するだけの余裕がある立場にいる、東大生という天から見ているところが少しあると思っています。「ノブレス・オブリージュ」（地位に応じた責務）って言葉があるじゃないですか。自分の感情はそれに近いです。それを自分のアイデンティティとしている部分もあると思います。

ムラカミ　私も東大にはあまりチャラくないイメージがありまして、むしろ、だからこそ東大を目指した部分もあって。自分はパリピ（パーティー好きな人々）とは縁がない感じの人間なので、そういう大学に行くと、逆に居場所がなくなっちゃう気がして。東大に対する世間のラベルを逆に期待して、受験しました。

この授業で本当にいろんな視点から格差を勉強しましたけど、人間ってマジョリティとマイノリティの面をそれぞれ持っていて、東大に来ている人は全体的にはマジョリティ寄りですけど、その中でも個々にはマイノリティの側面があると思うんです。その部分を意識して考えると、想像力を持つことができるんじゃないかと思いました。

ヨコヤマ　東大に入れた理由には、自分が賢いから、頑張ったからじゃなくて、家がお金持ちだったこともあるんだと知ったとき、自分を振り返って「あれもそうだし、これもそうだ、めっちゃ恵まれているわ」と気づいて。そしたら第3講の最後のほうで、ナカノさんが「今こういう話になっていますけど、皆さんが頑張った部分は絶対にあります」と言ったんです。それで認めてもらった気がしました。確かに頑張ったよな、と。私はその発言が強く印象に残っていて。これまでは賢いことが自分のアイデンティティであったり、友達から「天才」って呼ばれたりしてきたけど、それは私だけの力じゃないし、別にそれは私一人のアイデンティティでもなく、東大に入れば同じような人が大勢いるわけで。そうやって自尊心も少し薄れてきたときにこうした言葉を言ってもらえて嬉しかった。

どうしても心の底で自分が賢いとは思っていて、それなりの自信があって、だからこそ環境のおかげであることを認められたのかもしれません。これが例えば高校3年生の、東大模試で良い成績を取ったときに「あなたの力じゃない」と言われたら、キレているかもしれないです。だけど、東大に受かって周りからもある程度認められて精神的余裕も生まれたから、自分の力じゃなくて親や環境が良かったからと認めて、謙遜できたのかも。そのほうがかっこいいじゃんって。

ナカジマ　私も、その発言は強く覚えています。私の高校からは東大に20人ぐらい受かったんですけど、私はＳＥＳで学校の上位20人には絶対入っていませんでした。センター試験のニュースを目にすると自分が頑張っていたことを思い出しますし、その努力をＳＥＳだけで片付けられたくない気持ちも確かにあって。私は、「努力は必ず報われる。報われない努力はまだ努力とはいわない」というモットーで生きてきたんです。だけど、努力をさせてもらえる状況にあって、勉強にだけ時間を注ぐことが許される状況にあって……。その前提があっての努力と考えると、やっぱり環境に恵まれていたんだと思います。
「私も大変だった」という話に終始すると、みんな大変だよねって結論にしかならない。多分、大変じゃない人生を生きている人なんていないと思うので。「こっちのほうが大変だからあっちは放っておこう」じゃなくて、「この人も大変、じゃあ直そう。あの人も大変、それも直そう」という考え方のほうがいいなと思いました。

ノグチ（現職教師）　親の影響とか周りのおかげで今があると思うからといって、自分が何もしてないことにはならない。この授業で得た知見は、自分のことをそんなふうに捉えるためにあるわけじゃないと思います。ただ、そうした環境を得られない人もたくさんいることに対して、思いを馳せられるかどうか。そこを無視して切り捨てないで考えられるかが重要だし、そのためには一人でも多くの人が事実を知ることが大事だとも思います。

この本を読んだ「同志」たちへ

編者（髙橋）――最後に、この本を読み終えた人へ何か伝えたいことはありますか？　何でもいいですよ。モヤモヤしたまま消化できていないことでもいいし、この本を読んだ「同志」に贈る言葉でも。

ムラカミ　まず何事も知らないと想像することもできないので、得た知識は大事にすべきだと思っています。一方でその知識の使い方にも少し注意する必要がある気もします。格差があることを知って、その前提というか色眼鏡で相手を見ることは問題なのかな。だから最後は個人を見る。冒頭の「東大生」といっても多様だ、という話とも重なりますけど、最後は個人を見なければいけない。その、見るための手助けとして教育格差などの知見が役に立つのかなと思いました。

ナカジマ　教育を受けた人は最終的に大人になって、社会に出て、普通に生活している。そう考えると、この授業で取り上げた話を理解することは、今隣にいる人とか前にいる人を理解することにつながるんだと思います。だから、誰が読んだとしても自分ごとになるんじゃないかな。

あと、成功が努力によるものだと思うことの反対として、じゃあいい大学に行けなかった人が努力してないという話にベクトルが向かってしまうことがあれば、それは間違いだと思います。「うまくいかなかったのは努力しなかったから」という論理は、「うまくいったのは自分の努力のおかげ」と捉えることと同様に危険な気がします。たとえうまくいかなかったとしても、努力していたことをみんなで共有できたらいいかな、と。

ノグチ（**現職教師**）　僕は授業を通じて自分に無力感を覚えたんです。いろんな知見やデータを知ると、問題は大きくて深くてどうにもしがたいというか、自分一人の力では何ともならないと思ってしまいます。この本を読んだ人もきっとそう感じるんじゃないでしょうか。どうしても僕は教員目線になりますが、例えば自分が受け持つ生徒の家庭のＳＥＳが低いから苦労している場合、何ができるのか。家庭へ経済的な支援ができるわけでもないし、すごく難しい。

だけど、だから仕方ないと思っているだけでは、何も変わらずに物事が進んでしまう。やっぱり知るところが第一歩で、何ができるか少しずつ考えて、それが集まっていくと、やがて社会が変わるのかなと。他の人もそう思ってくれたらいいな。

あと、僕は何となくの直感や先輩のアドバイスに従ってきたけれど、それには全然裏付けがなくて。結果的に大きく間違ってはいなかった気もしますが、この授業で得た知見をもっと早く知っていれば、違うアプローチができたと思うことは多々ありました。もし教育に興味のある学生や現役の先生が読んでくれるのなら、活かしてほしいです。

ヨコヤマ　繰り返しますが私は教育には詳しくなくて、この授業も「何となく」で受けた人です。「何となく」自分だけのものと捉えていた教育体験が、例えばイギリスの研究でも示されていたり全国のデータの平均だったりして、ただのエピソードトークではなく世の中と関連していることを知れました。内輪ネタとしてではなく、きちんと議論の場に持ち出せる自信がつきました。

一方で、自分が疑問に思うことや解決しなきゃいけないと思うことへの質も上がったと思います。これまでは世論と自分だけのエピソードという二つしか持っていなくて、議論の質が低かった。その間をつなげるものを多く得られました。世間一般でいわれていることは詳しく見ると違うとか、あなたのエピソードはあなただけの話じゃないとか、考えられる幅が広がりました。

毎週火曜日の19時から授業が始まって、他の授業もあったからクタクタなはずなのに、授業の終わる20時半になると「もっとしゃべりたいのに！」と思うんですよ。普通はあり得ないじゃないですか。「それはあんたが東大生で勉強が好きだからだろ」って思われるかもしれないですけど、そうじゃなくて。本に載るときはきれいな文章で整理されているかもしれませんが、実際はこの座談会も含めて全然まとまってないんです。私なんかは特に今まで全然考えたことがないような話を、ぐちゃぐちゃになりながらも考えてしゃべる。それを聞いてくれて、深めて、質問を返してくれる人がいて。

オオタ　授業を通じて、ここで扱ったような話を、もっと友達とも話したいなと思いました。この本を読んだ人たちには、読んだうえでぜひいっぱいおしゃべりしてほしいです。そっちの話も聞きたいし、こっちの話も聞いてほしいし、と。そういう交わりが生まれたら嬉しいです。

僕はこの授業を通じて、格差の中でマジョリティとされる人にも抱えている問題があって、それに対処することもまた重要だということが自分の問題意識なんだと客観視できるようになりました。そう思えてきたから、僕は先生になろうかなと今考えています。この学期が始まるまではそんなつもりじゃなかったんですけど。

（了）

おわりに

教育格差を議論の前提に

　本書は単独で成立するように編集してありますが、『現場で使える教育社会学』を読むと、東大生がどのようなデータと研究知見を前提として議論していたのかが見えてくるはずです。是非、教科書を手に取ってご自身で確認してみてください。

　私（松岡）の一貫した願いは、教育格差という実態をあらゆる議論の前提にすることです。そのために単著『教育格差（ちくま新書）』[1]と編著書『教育論の新常識（中公新書ラクレ）』[2]を刊行し、内閣府・教育再生実行会議の初等中等教育ワーキング・グループ、参議院の国民生活経済に関する調査会、それに文部科学省の中央教育審議会などでも政策提言してきました（詳しくは『教育論の新常識（中公新書ラクレ）』の１・１万文字の「あとがき」をご参照ください）。

　メディアへの寄稿なども含めて可能な限り発信してきたつもりですが、一人の力はあまりに無力です。このままでは教職課程における教育格差の必修科目化、それに、現職の教育関係者を対象とした体系的な教育格差の研修必修化は叶いそうにありません。国や地方の教育行政についても、このままでは教育格差という実態を前提としないまま議論が行われ、次の「改革」が提言されることになります。

　そこで最後に読者の皆様にお願いがあります。本書の感想のオンライン発信、読書会の開催、身近な人との会話で話題に出す、教師を含む教育関係者に薦める、高校や大学で教えているのであれば授業で読書課題に指定するといった形で、本書と教科書の存在を一人でも多くの人々に伝えていただけないでしょうか。選挙と同じように一票では何も変わらないかもしれません。しかし、一人ひとりの小さな行動の集積が大きく社会を変えることはあるはずです。少なくとも私はそう信じています。皆様のご協力をお願い申し上げます。[3]

編著者を代表して
松岡亮二

1　松岡亮二（二〇一九）『教育格差（ちくま新書）』筑摩書房。
2　松岡亮二編著（二〇二一）『教育論の新常識（中公新書ラクレ）』中央公論新社。

3 謝辞。毎授業の文字起こしの確認などを担った木土百華子氏（京都大学大学院）と田垣内義浩氏（東京大学大学院）、それに東京大学関係者をはじめ本書作成過程で関わったすべての人にお礼申し上げます。

松岡亮二（まつおかりょうじ）

龍谷大学 社会学部社会学科准教授。博士（教育学）。

高橋史子（たかはしふみこ）

東京大学 教養学部 特任講師。博士（社会学）。

中村高康（なかむらたかやす）

東京大学 大学院教育学研究科 教授。博士（教育学）。

東大生《とうだいせい》、教育格差《きょういくかくさ》を学《まな》ぶ

2023年3月30日初版1刷発行

編著者 ── 松岡亮二　高橋史子　中村高康

発行者 ── 三宅貴久

装　幀 ── アラン・チャン

印刷所 ── 堀内印刷

製本所 ── ナショナル製本

発行所 ── 株式会社光文社
東京都文京区音羽 1-16-6（〒112-8011）
https://www.kobunsha.com/

電　話 ── 編集部03（5395）8289　書籍販売部03（5395）8116
業務部03（5395）8125

メール ── sinsyo@kobunsha.com

落丁本・乱丁本は業務部へご連絡くだされば、お取替えいたします。

Printed in Japan　ISBN 978-4-334-04654-5

光文社新書

1225
日本のピアニスト
その軌跡と現在地
本間ひろむ

「ピアニスト」という言葉の響きが放つ魔力――。日本のピアニストたちが歩んできた軌跡を辿りながら、今日、私たちが目にしている「新しいピアニスト像」までを射程に入れて考察。

978-4-334-04632-3

1226
観光立国・日本
ポストコロナ時代の戦略
箱谷真司

外国人訪日客99％減――。インバウンド受け入れの本格再開後、どのように観光産業を再生するか。日本各地を巡りDXやSDGs、観光公害対策など、現場の挑戦と葛藤を追う。

978-4-334-04633-0

1227
新地方論
都市と地方の間で考える
小松理虔

「都市」と「地方」。二項対立ではない視点から改めて地方を10のテーマで考えたときに、見えてくるものとは何か。福島県いわき市を拠点に、多彩な活動を続ける著者の思考と実践の記録。

978-4-334-04634-7

1228
不安型愛着スタイル
他人の顔色に支配される人々
岡田尊司

自己肯定感が低い、気を遣いすぎて疲れてしまう、感覚が敏感で体調を崩しやすい……生きづらさの理由、そして克服や治療法は？　職場や家庭での周囲の対応の仕方も事例を交え詳述。

978-4-334-04635-4

1229
広告の仕事
広告と社会、希望について
杉山恒太郎

広告から〝公告〟へ。日本の広告界のレジェンドが、自らのクリエイティブを振り返りながら、広告の未来を熱く鋭く語る。山口周氏とのロング対談を収録。解説・河尻亨一氏。

978-4-334-04636-1

1230
「美食地質学」入門
和食と日本列島の素敵な関係
巽好幸

蕎麦を育む火山、出汁を支える山脈、日本酒と地球の大変動——。多彩な和食が生まれた理由は日本列島にある⁉ 地下深くで密接に結びつく二つの意外な関係をマグマ学者が丁寧に紐解く。

978-4-334-04637-8

1231
時を超える美術
「グローカル・アート」の旅
新見隆

ローカル(地域、身近なもの)を大事にしながらグローバル(世界のありかた)につながる——。そんな「グローカル」な精神を宿した美術作品や芸術家に触れた「芸術風土記」エッセイ。

978-4-334-04638-5

1232
Web3とは何か
NFT、ブロックチェーン、メタバース
岡嶋裕史

「巨大IT企業の支配から個人が解放されたインフラ」で、「要素技術としてブロックチェーン、なかでもNFTあたりを重視する」というWeb3の全体像を、批判的な見方を含め解説。

978-4-334-04639-2

1233
古典と日本人
「古典的公共圏」の栄光と没落
前田雅之

高等教育の古文・漢文不要論が唱えられる今、私たちに古典は本当に必要なのか。日本において古典が成立した歴史を辿りながら、そもそも「古典」とは何かということを考える。

978-4-334-04640-8

1234
小学校受験
現代日本の「教育する家族」
望月由起

拡大・過熱・多様化——誰が、なぜ、どのように受験しているのか。入学後の環境は？ 教育学者が小学校受験の実際や問題点、評価すべき点などを、経験者の声も交え具体的・リアルに報告。

978-4-334-04641-5

1235

アニメ療法《セラピー》
心をケアするエンターテインメント

パントー・フランチェスコ

日本のポップカルチャーの力で、心を治癒することはできるか。イタリア出身のオタク精神科医が精神医学や心理学の知見を物語療法と接続し、新しい「アニメ療法《セラピー》」を構想する。

978-4-334-04642-2

1236

安い・美味しい・簡単 実践 健康食

岩田健太郎

「近所のスーパーの特売品で自炊」に健康が詰まってる…感染症医でファイナンシャル・プランナーの資格も持つ著者と考える、お金をかけず、持続可能でより豊かに生きるための食事術。

978-4-334-04643-9

1237

社会を変えるスタートアップ
「就労困難者ゼロ社会」の実現

小野貴也

全国１５００万人の「就労困難者」に適切な仕事を提供し、労働力減少を補う。社会課題を解決するスタートアップが見据える日本経済の未来像と、その先にあるインクルーシブ社会とは。

978-4-334-04644-6

1238

教育大国シンガポール
日本は何を学べるか

中野円佳

激しい教育競争、点数化する習い事——煽られ、葛藤する母親達、疲弊する子ども達。教育社会学研究者・ジャーナリストが現地の教育システムの実態を、インタビュー調査を交え報告。

978-4-334-04645-3

1239

エンタメ小説家の失敗学
「売れなければ終わり」の修羅の道

平山瑞穂

華々しいデビュー、10万部超えのヒット、そして映画化——。人気作家も目前だった小説家が犯した痛恨の「失敗」とは？出版界の裏事情と赤裸々な告白に満ちた自虐的反省の書。

978-4-334-04646-0

光文社新書

1240

「おふくろの味」幻想
誰が郷愁の味をつくったのか

湯澤規子

一体「おふくろの味」とは何を指しているのか。なぜそれは時に女性たちをいらだたせるのか。社会と時代を丹念に読み解き、「おふくろの味」が誕生した経緯とその正体を探る。

978-4-334-04647-7

1241

数字のセンスを磨く
データの読み方・活かし方

筒井淳也

私たちは数字に取り囲まれて日々を送っている。だが、数字をきちんと理解し、数字ときちんと向き合えているだろうか。計量社会学・家族社会学を専門とする著者が「数字との付き合い方」を示す。

978-4-334-04648-4

1242

追跡 税金のゆくえ
ブラックボックスを暴く

高橋祐貴

一般社団法人による〝中抜き〟、見えない五輪予算、孫の小遣いとなる中山間地域の助成金――。私たちの税金は何に使われているのか。気鋭の新聞記者がその杜撰な実態に粘り強く迫る！

978-4-334-04649-1

1243

友情を哲学する
七人の哲学者たちの友情観

戸谷洋志

友情とは何なのか。いま、その多様性を知ることが、人生をいくらか豊かなものにしてくれるのではないか。漫画が描く「友情」のあり方を参照しながら、哲学者七人の友情観を探る。

978-4-334-04650-7

1244

改訂版 東大合格高校盛衰史
1949年～最新ランキング徹底解剖

小林哲夫

日本一の頭脳たちはどこから集うのか？　名門進学校の凋落と躍進を辿ることで、日本社会の構造が浮き彫りになる。戦後から今に至るまでの合格者数ランキングで、東大受験の実情を一挙総覧！

978-4-334-04651-4